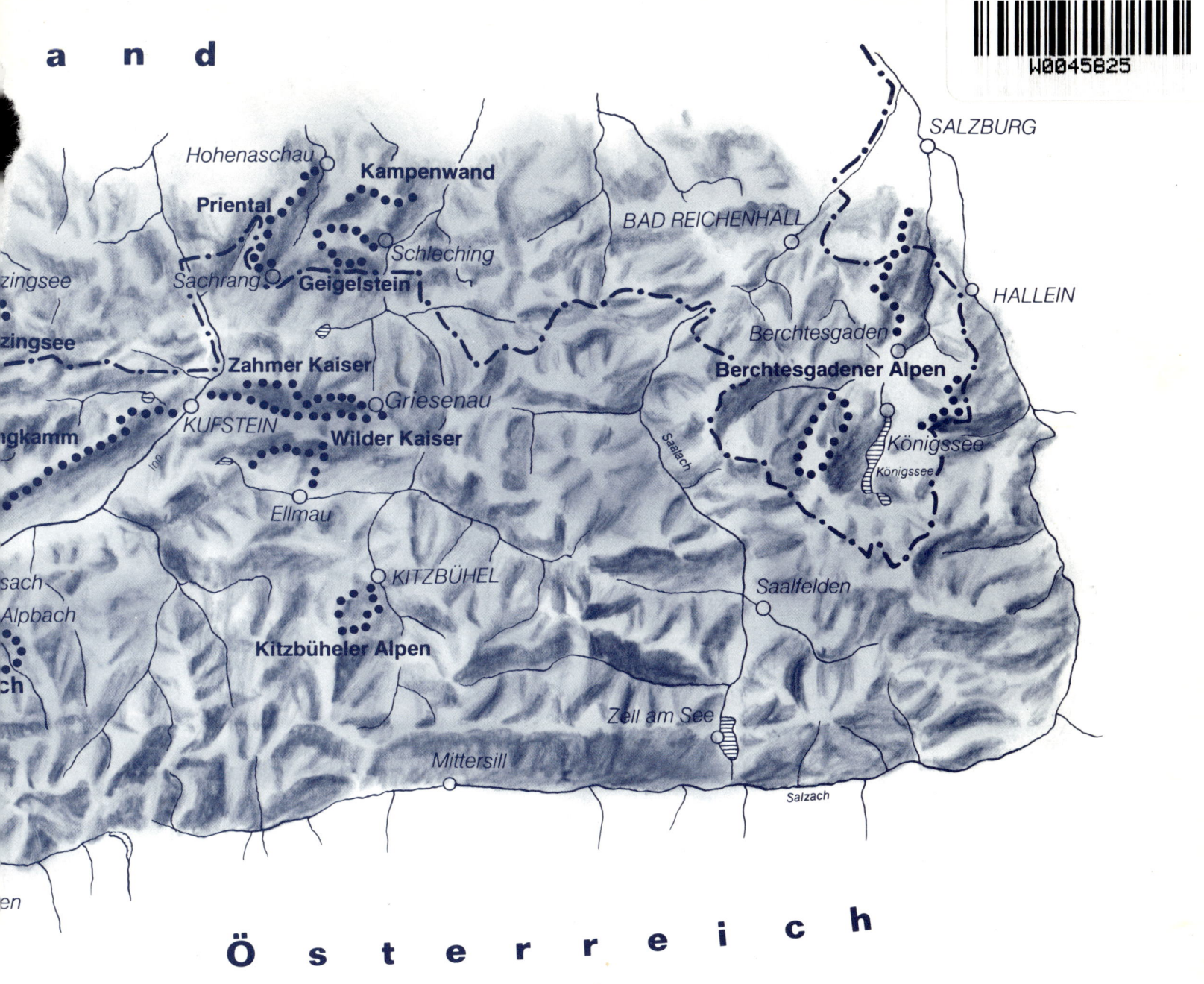

and

Hohenaschau

Kampenwand

Priental

BAD REICHENHALL

SALZBURG

Schleching

zingsee

Sachrang **Geigelstein**

HALLEIN

zingsee

Berchtesgaden

Zahmer Kaiser

Berchtesgadener Alpen

Griesenau

ngkamm

KUFSTEIN

Wilder Kaiser

Saalach

Königssee

Königssee

sach

Ellmau

Alpbach

KITZBÜHEL

Saalfelden

ch

Kitzbüheler Alpen

Zell am See

Mittersill

Salzach

en

Österreich

Die schönsten Höhenwege
zwischen Watzmann und Zugspitze

Luis Trenker · Helmut Dumler

Die schönsten Höhenwege zwischen Watzmann und Zugspitze

Mit 90 Abbildungen
und 30 Kartenskizzen

Bruckmann München

Umschlagvorderseite:
Seebensee mit Zugspitze.
Umschlagrückseite:
Der Watzmann, Wahrzeichen des Berchtesgadener Landes.

1. Auflage 1978
2. Auflage 1981
© 1978 Verlag F. Bruckmann KG, München
Alle Rechte vorbehalten
Herstellung: F. Bruckmann KG, München
Graphische Kunstanstalten
Printed in Germany
ISBN 3 7654 1728 9

Inhaltsverzeichnis

Geleitwort

Wenn wir uns heute über die Zukunft der Alpen Sorgen machen, uns in Gedanken, Gesprächen, Konferenzen und Abhandlungen mit den Gefahren des Massentourismus und den davon bedingten Umwelt-Zerstörungen beschäftigen, erkennen wir immer deutlicher, wie dringend es geworden ist, die Großartigkeit der Natur vor weiteren Bedrohungen durch unkontrollierte Eingriffe zu schützen. Wir wissen wohl, daß es leichter gesagt als getan ist, für den gesamten Alpenraum heute schon eine planerisch gültige Lösung für die kommende Zeit zu entwickeln oder vorzulegen. Wir brauchen nur an die eigene Jugend zu denken, um zu erkennen, wie sehr sich seither alles gewandelt hat und wie sehr es unsere Aufgabe ist, alles zu tun, um der nachfolgenden Generation das zu erhalten, was in Gefahr ist, unwiderruflich verlorenzugehen. Die mehr und mehr zunehmende Freizeit ergibt zugleich eine anwachsende Bewegungsmöglichkeit der Bevölkerung, wozu das Geschäft des Massentourismus einen guten Teil beiträgt.

Der oft gehörte Vorwand, man dürfe nicht stehenbleiben, es werde uns zur rechten Zeit schon noch etwas einfallen, um dem Ausverkauf unserer Landschaft Einhalt zu gebieten, kann wenig helfen. Wir wissen wohl, daß wir über Mittel verfügen, um weitere Autostraßen, Seilbahnen und Wasserstauwerke im großen Ausmaß errichten zu können. Aber wir wissen auch, daß wir den Alpenraum um keinen Quadratmeter Boden erweitern können. Daraus ergibt sich unwiderruflich das Gebot, in Hinkunft — soweit dies noch möglich ist — die Ausbeutung der Naturschätze der Alpen zu verhindern und ihre Unversehrtheit und landschaftliche Schönheit zu erhalten.

Talböden werden zu Campingplätzen und Berghänge zu Skipisten, die Berggipfel zu betonierten Endstationen der Seilbahnen unfunktioniert. Das Bergsteigen wird technisiert, alle Gipfel sind bezwungen, alle Wände durchklettert, das rastlose Expansionsdenken verlangt nach immer neuen Rekorden. Wer etwas gelten will und über genügend Zeit und Mittel verfügt, fliegt nach Katmandu, um unter den Eisgiganten des Himalaya zu trekken. Schon werden auch dort die eintreffenden Expeditionen von den Ämtern der Fremdenindustrie registriert, um das ständig steigende Geschäft unter Kontrolle zu halten.

Fünfundzwanzig Jahre sind es her, seit der höchste Berg unserer Erde, der 8848 Meter hohe Mount Everest zum erstenmal erstiegen wurde. Seither wurde der Gipfel von Bergsteigergruppen aus aller Welt mit und ohne Sauerstoffzugaben erreicht.

Und weil es halt höher nicht mehr geht, kehren wir besinnlich heim und machen es wie der Altmeister Franz Nieberl, der einmal sagte: »Es ist mir gelungen, ein alter Bergsteiger zu werden. Das ist erheblich schwieriger, als sehr bald in den Ruf eines guten Kletterers zu kommen.«

Und damit landen wir beim befreienden Wandern, das uns ohne Hast und Expansionsdenken die Schönheiten der Schöpfung als eine Gnade empfinden läßt, deren tiefere Bedeutung uns von Eltern und Erziehern als Geschenk für das Leben mitgegeben wurde, als in unseren Herzen die Liebe zu den Wundern der Natur erwachte. Dieser unverlierbare Schatz bindet uns besonders innig an die nahen Bergräume, die wir ohne Fernflüge, mühevolle Autofahrten und Kosten erreichen können. München, die einmalige, wunderbare, gemütvolle und traditionsbewußte Bergsteigerstadt, gibt uns die Möglichkeit, die schönsten Höhenwege der weiteren Umgebung leicht zu erreichen. Unsere alpinen Vorfahren mußten sich dies durch langwierige Bahnfahrten oder mühsame Fußmärsche hart verdienen, weil es ja damals die im vorliegenden Bildband beschriebenen Höhenwege — vom deutschösterreichischen Alpenverein ausgebaut — zum Großteil noch gar nicht gab. Wie unser liebes Bayern das schönste deutsche Bergsteigerland ist, so sind die hier empfohlenen Wanderrouten für die bergfreudigen Münchner ein willkommener Anreiz zum Ausrücken an Wochenenden und auch sonst. Anstatt in rastloser Hast über zehn Jöcher zu jagen, um sich untrainiert ein paar Stunden über eine Kletterwand führen zu lassen oder gar, »weil das Angebot so günstig ist«, innerhalb von 8 Tagen einen Sechstausender im Himalaja abdienen zu können, um »in« zu sein, scheint es, ob man will oder nicht, klüger zu sein, das alte Sprichwort: »Warum denn in die Ferne schweifen, liegt das Gute doch so nah«

7

wieder gelten zu lassen und die Wohltat des unbeschwerten Wanderns in unseren eigenen Bergen zu pflegen. Die jahrhundertealten Überlieferungen von Religion, Sage und Brauchtum, Bauweise und Handwerk, die Liebe der Älpler zu ihren Dörfern, Almen, Liedern und Helden erschließt uns die tiefe menschliche Beziehung zu unserem Land.

Da immer mehr Eltern auch ihre noch recht kleinen Kinder bereits mit in die Berge nehmen, soll einmal an dieser Stelle etwas über die Teilnahme von Kindern an Bergwanderungen gesagt werden: Kindern die Natur nahezubringen, gehört zu den schönsten und dankbarsten Erziehungsaufgaben. Kinder im Alter zwischen sieben und zwölf Jahren, wenn sie richtig geführt, vorbereitet und ausgerüstet sind, freuen sich schon die ganze Woche hindurch auf den kommenden Wandertag. Sie entdecken in den Bergen immer wieder neue Welten, Schönheiten, Überraschungen. Auf ausgesetzten Wegstücken sollte man sie, wenn es die Breite des Weges erlaubt, möglichst an der Hand führen. An schmalen Steigen aber empfiehlt es sich, sie mit einer Reepschnur von 5 bis 6 Meter Länge, die unter den Achseln geknotet wird, zu sichern. So läßt man sie vorangehen, hält das Seil kurz, hat sie dabei stets vor Augen und kann sie vor dem Ausgleiten schützen. Mit Geduld und Liebe, nicht mit Tadel, den Kleinen zu Hilfe kommen, wenn sie müde und unlustig werden! Eine kurze Rast, eine Stärkung oder eine kleine, lustig erzählte Geschichte machen Kinder meist schnell wieder munter und lassen auch für den Erwachsenen die Poesie unserer entzauberten Welt wieder aufleben. Und nie versäume man eine gründliche Wetterbeobachtung. Dann läßt sich vielleicht ein Gewitter — das außerdem wirklich gefährlich werden kann! — vermeiden, vor dem sich besonders Kinder oft sehr fürchten. Auch Pflichten kann man den Kleinen durchaus schon zumuten: den Kinderrucksack mit Windjacke, Reservesocken und ein paar Äpfeln tragen sie gerne selbst.

Da Eltern an Werktagen in der Verlorenheit unserer materialistischen Welt immer weniger Zeit finden, sich den Träumen der Kleinen zu widmen, können sie dies in freier Natur, während des Gehens, bei der Rast oder auf dem beschaulichen Heimweg nachholen. Man wächst zusammen, teilt

miteinander Freud und Leid und fühlt sich im eigenen Kreis daheim geborgen. Zu meinen schönsten Erinnerungen gehören die Stunden, die ich mit Vater und Mutter auf den Almen verbringen durfte.

Hoch oben in den Karen erwachte schon in meiner frühen Jugend im Anblick der erhabenen Gipfel und Wände eine tiefe Ehrfurcht vor dem Schöpfer des Himmels und der Erde. »Ohne Ehrfurcht vor dem Unerforschlichen kann keine Jugend zur höchstmöglichen Gestaltung reifen«, sagte schon Goethe, der die »drei Ehrfurchten« in die Mitte seiner »Wanderjahre« stellte: Erstens die Ehrfurcht vor dem, was über uns ist, dann vor dem, was neben uns ist und schließlich vor dem, was unter uns ist. »Was wäre aus mir geworden«, schrieb er einmal im hohen Alter, »wenn ich nicht immer genötigt gewesen wäre, Respekt vor anderen zu haben.« Erst ehrfürchtige Hingabe bringt uns die Erkenntnis, die der Mensch unserer entgötterten Welt sucht, die er braucht; eine Erkenntnis, zu der bereits vor 600 Jahren Francesco Petrarca, einer der größten Dichter des Abendlandes, gelangte, nachdem er am 27. April 1336 mit seinem Bruder den 1900 Meter hohen Monte Ventoux — »der nicht umsonst der ›Windige‹ heißt« — als erster bestiegen hatte. Ergriffen von der ungewohnten Luft und dem großen Schauspiel der Rundsicht stand er staunend auf dem Gipfel seines Heimatberges. Als sich die Sonne neigte und es Zeit wurde zurückzukehren, schlug er das mitgeführte Büchlein »Die Bekenntnisse des heiligen Augustinus« auf. Dabei griff er zufällig den 10. Abschnitt heraus, der lautete: »Da gehen die Menschen, um die Höhen der Berge zu bewundern und verlieren sich dabei selber . . .« »Ich gestehe, daß ich sehr betroffen war«, schreibt Petrarca, »und so wandte ich den Blick zurück in mich selber. — Wie oft habe ich an jenem Tag, bergabsteigend und rückwärtsblickend, den Gipfel meines Berges betrachtet. Aber seine Höhe erschien mir kaum mehr als die Höhe einer Stube zu sein, verglichen mit der Höhe innerer Erhebung, die weit über den Dunst irdischer Menschlichkeit hinausstrebt . . . Die Seligkeit steht auf einsamer Höhe . . . ein schmaler Pfad nur führt zu ihr . . .«

Luis Trenker

Bei der Kapelle am Wankerfleck zwischen der Kenzenhütte
und Halblech. Im Hintergrund der Geiselstein mit seiner Ostwand
(links) und der Nordwand.

Ammergauer Alpen

Tegelberg—Hochplatte—Kenzenhütte

Die Ammergauer Berge, ein Teil der Bayerischen Voralpen, erheben sich — grob umrissen — nördlich der deutsch-österreichischen Grenze zwischen Lech und Loisach. Zum Einzugsgebiet von München gehörte bislang lediglich der östliche Teil der Gruppe mit Ettaler Mandl, Laber, Pürschlinghäuser, Klammspitze. Die westlichen Ammergauer waren Hausberge von Füssen und Kempten, von Schongau und Augsburg. Das hat sich heute zunehmend geändert. Fortschreitender Straßenbau und Autobahnen haben nun auch dieses Gebiet für Münchner in den Bereich von Wochenendausflügen gerückt. Und das bedeutet zweifellos eine Bereicherung im Tourenangebot für Bergsteiger aus der Isarmetropole, denn die westlichen Ammergauer Alpen sind, insgesamt betrachtet, großzügiger und alpiner als die östlichen. Die Gipfelwelt ist auf verhältnismäßig engem Raum zusammengedrängt. Tegelberg, Hochplatte, Krähe und Geiselstein sind für Wanderer und Kletterer verheißungsvolle Namen. Über dunklen Tannenwäldern erheben sich diese Berge, vorwiegend aus festem Kalk bestehend. Und jeder von ihnen — der Geiselstein allerdings unter größeren Mühen — kann vom geübten Wanderer erstiegen werden. Pflanzen- und Tierwelt sind reich an Formen. Die ganze Ammergauer Gruppe ist ein Naturschutzgebiet.

Meine erste Bekanntschaft mit den Ammergauer Alpen habe ich am Branderschrofen gemacht. Ergriffen standen wir vor der Gedenktafel für Leo Maduschka, das Idol der Bubenzeit. Damals mußte man noch zu Fuß auf den Tegelberg. Seit etlichen Jahren schwebt dort eine Seilbahn hinauf. Seitdem ist es zwar im Bereich der Bergstation lauter geworden, aber die Bahn hat auch ihr Gutes: Jetzt kann man die herrliche Höhenwanderung über die Hochplatte zur Kenzenhütte ohne weiteres an einem Tag schaffen.

Der anfängliche Abstieg von den *Tegelberghäusern* kommt nicht ungelegen. Wir haben Zeit und Muße, uns eingehend den Tafeln des Naturlehrpfades zu widmen. In populärwissenschaftlicher Art und Weise werden spezifische Eigenarten von Bergblumen und Tieren erklärt.

Im Südwesten beherrscht der Säuling das Bild, ein Grenzberg, bis weit hinauf mit Wald bedeckt. Links davon, etwas unterhalb und ziemlich unscheinbar, erhebt sich der Zundernkopf mit der wohl schwierigsten Kletterwand in den Ammergauer Alpen. Und links des Wegs steigen die Grashänge an zum Branderschrofen.

Wo eine Tafel rechts zum Abstieg in die Bleckenau verführt, steigen wir an in den Ahornsattel zwischen Straußbergköpfel und Ahornspitze. Ab hier orientieren wir uns am Zacken des Gabelschrofens (nicht zu verwechseln mit dem weiter links aufragenden Horn des Geiselsteins). Allerdings macht die Route geländebedingt einen Umweg über die Niederstraußbergalm zum *Niederstraußbergsattel.* Nun links in nördlicher Richtung in den *Schwangauer Kessel.* Rechts erheben sich die Steilwände von Niederem Straußberg und Krähe, willkommene Schattenspender an heißen Tagen. Die langen Kehren zum Gabelschrofensattel sind einzusehen. Im *Gabelschrofensattel* treffen wir rastende Wanderer. Man vespert aus dem Rucksack und trinkt einen Schluck Wasser. Hier trennen uns nur knappe hundert Meter vom Gipfel des Gabelschrofens. Etwa 20 Minuten sind es bis zu seiner Spitze; allerdings nicht ganz leicht, durchwegs im II. Grad. Der Aufstieg zur Krähe setzt auf der Südseite des Sattels an. Steigspuren leiten zu einem kurzen Kamin. Es folgt eine unschwierige Kraxlerei. Dann die Scharte, aus der es linkshaltend über Grashänge zur *Krähe* geht, unserem ersten Zweitausender an diesem Tag.

Unten, am tiefsten Punkt des Kamms Krähe—Hochplatte, werfen wir einen Blick durch das »Fensterl«, ein fensterartiges Felsloch, zum Geiselstein.

Das Gelände bleibt felsig, kann aber nicht als schwierig bezeichnet werden. Nach ¼ Stunde betreten wir den höchsten Punkt (2082 m) der *Hochplatte,* ihren Westgipfel. Das Kreuz steht drüben auf dem Ostgipfel (2079 m). Im Nordwesten ragt der Geiselstein auf. Wir sehen seine beeindruckende Südseite. Und so vertraut dieser Anblick auch sein mag, er begeistert mich immer wieder aufs neue. Erlebnisse werden wach: das Maag-Dach in der düsteren Nordwand, am Seil mit Karl, die Plattenrisse der Südwand mit Bartl, der schon mit achtzehn Jahren sein Leben

lassen mußte, die extreme Westwand mit Jakl, die Süd-
verschneidung im Schneegestöber mit »Schoppen«, den wir
so nannten, weil er das Bier nur aus kleinen Gläsern trank.
Am riskantesten war es in der brüchigen Ostwand mit
Helmut: Neuschnee auf den Bändern, ein Sturz, der uns
um ein Haar zusammen aus der Wand geschleudert hätte.
Wir bleiben auf leichteren Wegen. Über den Ostgrat beziehungsweise auf dem rotmarkierten Steig zwischen Latschen und Alpenrosen hindurch südlich am Schlössel vorbei
und durch den Erzgraben zum »Beinlandl«. Wanderer kommen uns entgegen. Sie sind von der Kenzenhütte aufgebro-
chen, zu der wir unterwegs sind. Manchen wird beruhigen,
daß es jetzt nur noch abwärts geht.
Seitdem zur *Kenzenhütte* von Halblech regelmäßig Kleinbusse verkehren, ist das einstmalige Wanderer- und Klet-
tererdomizil zu einem gutbesuchten Berggasthaus geworden.
Die Busverbindung stellt eine spürbare Wegerleichterung
dar, denn das Sträßchen hinaus nach Halblech ist auf lange
Strecken geteert und zieht sich für den Wanderer scheinbar ewig in die Länge. Versäumen darf man es aber auf
keinen Fall, von der kleinen Kapelle auf dem Wankerfleck
aus dem stolzen Geiselstein eine letzte Reverenz zu erweisen.

Touristische Angaben

Tagestour für trittsichere und schwindelfreie Bergwanderer.
Effektive Gehzeit Tegelberg — Kenzenhütte: 5 bis 6 Stun-
den. Insgesamt zu bewältigende Steigung: etwa 500 Meter.
Günstigste Jahreszeit: Anfang Juni bis Ende Oktober.
Talorte: *Schwangau* (796 m), Ferienort an der Bundesstraße 17, ca. 110 Kilometer von München, 98 Kilometer
von Augsburg, 42 Kilometer von Schongau. Hotels, Gasthöfe, Pensionen, Jugendherberge in Füssen, Zeltplätze. Gute
Busverbindungen. Sehenswürdigkeiten: Königsschlösser
(Neuschwanstein, Hohenschwangau). Feldkirche St. Colo-
man (Wessobrunner Stuck).
Halblech (825 m), kleine Ortschaft an der Bundesstraße 17,
ca. 90 Kilometer von München, 89 Kilometer von Augsburg,
24 Kilometer von Schongau. Gasthöfe und Pensionen. Klein-

bus-Verbindung mit der Kenzenhütte. Busverbindungen mit
Schwangau und Füssen.
Unterkünfte: *Tegelberghäuser* (1707 m), privat, bei der
Bergstation der Tegelberg-Seilbahn. Betten und Matratzen-
lager. In den Sommermonaten bewirtschaftet. Von der
Seilbahn-Talstation (Parkplätze, Bushaltestelle) über die
Rohrkopfhütte 2¾ Stunden.
Kenzenhütte (1285 m), privat, im Herzen der westlichen
Ammergauer Alpen. Matratzenlager. In den Sommermona-
ten bewirtschaftet. Von Halblech 3 Stunden (auch Kleinbus-
Verbindung). Vom Tegelberg (über Krähe-Hochplatte) etwa
5—6 Stunden.

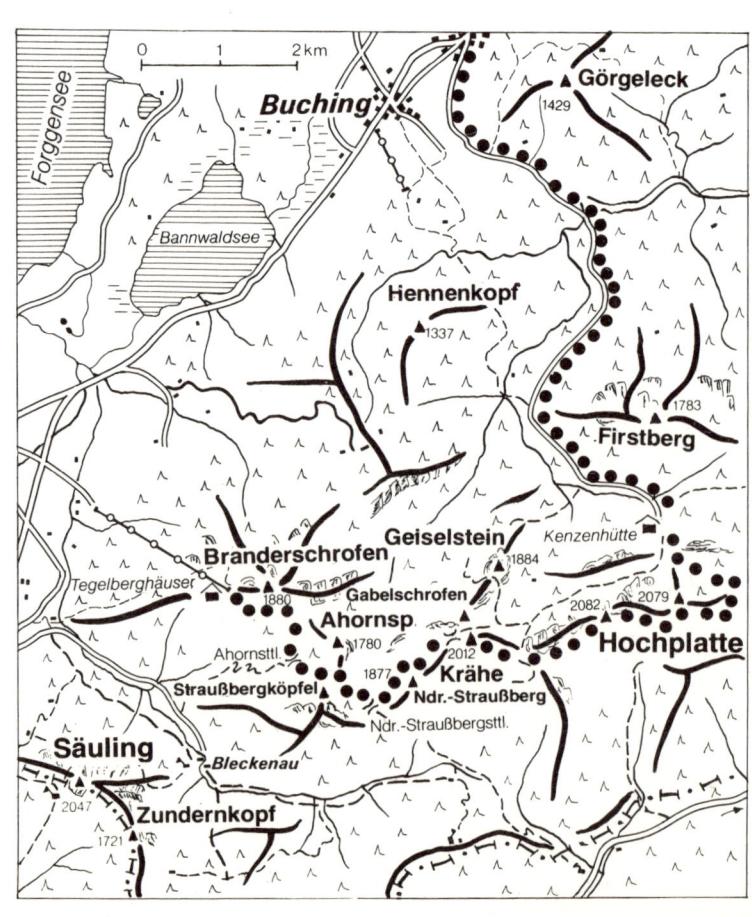

Ammergauer Alpen

Zwischen Oberammergau und Schloß Linderhof

Die Ammergauer Alpen breiten sich auf einem Gebiet von rund 800 Quadratkilometer überwiegend auf bayerischem Boden aus; ihre Gipfelhöhen liegen durchschnittlich zwischen 1800 und 2000 Meter.

Vom zentralen Bereich der Ammergauer — den Trauchbergen um die Kenzenhütte — erstreckt sich ein 16 Kilometer langer Grat in östliche Richtung, dessen Ausläufer fast bis nach Oberammergau reichen. Es ist ein langer, nahezu gerader Kamm mit aufgesetzten Kalkgipfeln, nirgendwo so aufregend interessant wie beispielsweise drüben am Geiselstein, aber durchwegs anregend und für den Höhenwanderer von besonderem Reiz. Die klassische und weithin bekannte Höhenwanderung benützt das 10 Kilometer lange Teilstück des Grats zwischen Kofel und den Brunnenkopfhäusern und verbindet Oberammergau mit Schloß Linderhof.

In *Oberammergau* läßt man das Auto am besten westlich der Pfarrkirche, jenseits des Mühlbachs, beim Hotel Böld stehen. Als erstes geht es über die *Ammer*, dann steigen wir auf der König-Ludwig-Straße an und folgen ab ihrem Ende dem breiten Wanderweg rechts eines Skilifts zum *Berggasthaus Kolbenalm*. Von dort bietet sich ein herrlicher Rückblick über das breite Tal der Ammer zu den Hörnlegipfeln. Wir bleiben auf dem Pürschlingweg. Nach einiger Zeit zweigt links der Königssteig in Richtung Kofel ab. Dieser Weg gilt nicht für uns, auch nicht der rechts abzweigende Kofelsteig, auf dem das Pürschlinghaus zwar rascher erreicht wird, sondern wir nehmen den landschaftlich wesentlich eindrucksvolleren »Oberen Weg« und steigen auf einem schmalen Pfad geradeaus weiter auf, den roten Markierungszeichen nach. Im Zickzack wird an Höhe gewonnen. Die Aufstiegsrichtung wird von den Felsköpfen des Zahns bestimmt. Wir steigen aber nicht ganz hinauf zum Gratrücken der Sonnenspitze, sondern halten uns vorher rechts und wandern unterhalb des Grats in seiner Nordseite in westliche Richtung. Links oben das Zahnmassiv, zu dem es nur wenige Minuten an Aufstieg wären. Die Zahntürme können auch direkt überklettert werden, allerdings teilweise im III. Grad und verbunden mit Abseilfahrten! Wir bleiben

deshalb vorerst auf der Nordseite. Nach etwa ½ Stunde halten wir uns links zum *Sonnenberggrat* hin und folgen der Kammhöhe.

Das *Pürschlinghaus* steht an einer steilen Felswand des Pürschling. Das obere Haus ist nur Mitgliedern der Münchner Alpenvereinssektion Bergland zugänglich, die Hüttenbesitzer ist.

Nun bereiten wir uns auf den ersten Gipfelgang an diesem Tag vor: vom Pürschlinghaus den roten Farbtupfen nach auf einem breiten Weg durch den Südhang hinauf zum Grat. In der Folge durch ausgetretene Latschengassen zum felsigen Gipfelaufbau des *Teufelstättkopfes* (1758 m) und rechtshaltend mit Hilfe von Drahtseilen zum Kreuz auf dem höchsten Punkt. Seit dem Weggang von der Hütte sind noch keine ¾ Stunden vergangen.

Ein Stück auf dem Herweg zurück, dann rechts und etwas unterhalb der Gratschneide hinunter in die Scharte vor dem Laubeneck. Wir traversieren erneut in die Nordseite des Kamms. Ein breites Band vermittelt den Zugang. Einmal in der Nordseite ist es kein Problem, durch Latschen und am Schluß über einen Felsgrat das *Laubeneck* (1758 m) zu erreichen.

Der Weiterweg ist vergleichsweise harmlos. Ein Schauspaziergang ohnegleichen! Aus einer Scharte muß nochmals angestiegen werden. Pfadspuren leiten über den Grasrücken. Ein Stück vor dem Hennenkopf zwingen uns Felsen in die Ostseite des Bergs, in der es unschwierig zum Gipfel des 1768 Meter hohen *Hennenkopfes* geht. Vom Pürschlinghaus bis hierher rechnet man mit 2½ bis 3 Stunden.

Wer wegloses Gelände liebt, kann auch noch den Dreisäulerkopf (1629 m) »mitnehmen«. Der übliche Wanderweg traversiert seine südseitigen Hänge und ist identisch mit dem Verbindungsweg zwischen Pürschlinghaus und Brunnenkopfhäusern in der Südseite des Kamms. Dieser Verbindungsweg stellt übrigens eine lohnende Alternative zu der beschriebenen Höhentour dar. Es ist ein ausgesprochener Spazierweg, auf dem an keiner Stelle die Hände zu Hilfe genommen werden müssen. Gehzeit zwischen den Hütten etwa 2 Stunden.

Die *Brunnenkopfhäuser* sind ein großartiger Aussichtsbalkon mit Blick über die Ammergauer Alpen und ins Wettersteingebirge. Direkt im Osten steht die Klammspitze (1924 m), einer der formschönsten Gipfel in den Ammergauern — und ein lohnendes Ziel. Allerdings nicht ungefährlich (steile Schneehänge im Frühsommer!) und in etwa 2¼ Stunden für Hin- und Rückweg zu ersteigen.

Vor dem Abschied bietet sich in Hüttennähe wohl noch der Brunnenkopfgipfel (1718 m) an, er kann jedoch neben den bereits erstiegenen Bergen nicht bestehen. Besser steigt man von den Höhen über dem tannendunklen Graswangtal gleich ab nach Linderhof, in etwa 1¼ Stunden, und versäumt nicht, dem vielbesuchten Märchenschloß Ludwigs II., *Schloß Linderhof*, einen Besuch abzustatten.

Touristische Angaben

Tagestour für trittsichere und schwindelfreie Wanderer. Effektive Gehzeit Oberammergau — Schloß Linderhof: 8 bis 9 Stunden. Insgesamt zu bewältigende Steigung: etwa 1100 Meter. Die Tour kann um etwa 3 Stunden verkürzt werden, wenn man im ersten Teil den Kofelsteig (Unterer Weg) benützt und vom Pürschlinghaus zu den Brunnenkopfhäusern auf dem Weg im Südhang geht. Von Linderhof Busverbindung mit Oberammergau. Günstigste Jahreszeit: Mai bis Ende September.

Talort *Oberammergau* (840 m), Fremdenverkehrsort an der Bundestraße 23 am Ostrand der Ammergauer Alpen. Eisenbahnverbindung mit Murnau; gute Busverbindungen. Berühmt durch seine Passionsspiele. Viele Hotels, Gasthöfe, Pensionen, Jugendherberge, Zeltplatz. Sehenswürdigkeiten: Passionsspielhaus, Heimatmuseum, Holzschnitzer, Pfarrkirche, Bürgerhäuser (Wandmalereien aus dem 18. Jahrhundert).

Unterkünfte: *Pürschlinghaus* (1564 m), DAV, am Pürschling. Ganzj. bewirtschaftet. Betten, Lager. Von Oberammergau 3½ Std.

Brunnenkopfhäuser (1602 m), Deutscher Alpenverein, auf einem Rücken unter dem Brunnenkopf. Bewirtschaftet von Mai bis Oktober. Matratzenlager. Vom Pürschlinghaus etwa 4 Stunden. Von Schloß Linderhof 1¾ Stunden.

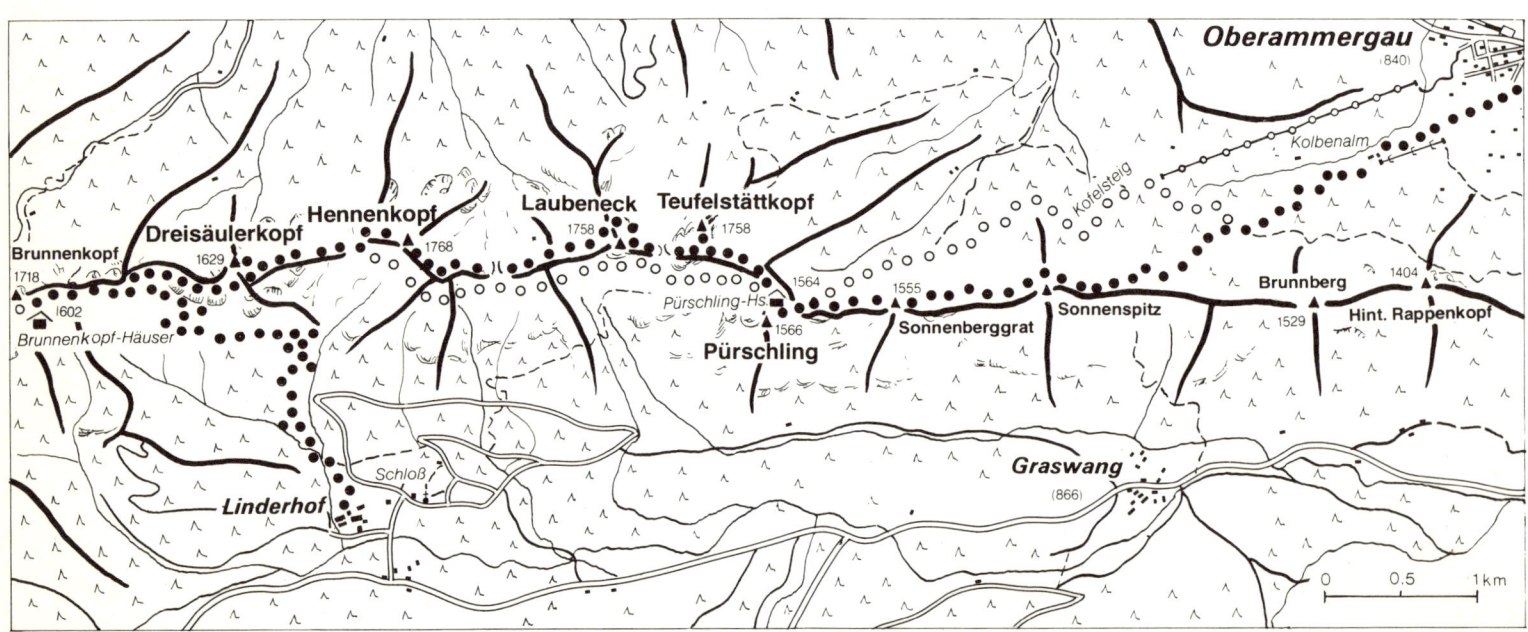

Drachensee mit Coburger Hütte und Sonnenspitze im Herzen der Mieminger Berge.

Seite 19   Wandergruppe in den Miemingern vor Sonnenspitze (links) und Zunterköpfen; am linken oberen Bildrand geht es zur Biberwierer Scharte.

Mieminger
Um die Coburger Hütte

Bei der Einteilung der Alpengruppen und auch im Rahmen der Alpenvereinsführer werden das Wettersteingebirge und die Mieminger Kette gemeinsam behandelt, obwohl die Mieminger Berge vom Wetterstein klar durch das Gaistal getrennt sind und auch sonst Eigenständigkeit für sich in Anspruch nehmen dürften. Schon die erste — und bisher einzige — erschöpfende publizistische Arbeit über die Mieminger, eine Monographie aus dem Jahr 1902 in der Zeitschrift des Deutschen und Österreichischen Alpen-Vereines, wirft beide Gruppen sozusagen in einen Topf und umreißt Charakteristik und Grenzen wie folgt: »Im Bereiche der nordtirolischen Kalkalpen nimmt die Wetterstein-Gruppe eine bedeutsame Stellung ein. Ihr zweitmächtigstes Glied ist jener formschöne, scharf ausgeprägte Zug von herrlichen Bergen, welcher nach dem südlich vorgelagerten Mittelgebirge von Mieming den bezeichnenden Namen Mieminger Kette führt. Der Waldsattel von Holzleiten trennt sie vom Simmering-Tschirgantstock, der Fernpaß mit seinen Seespiegeln von den nordöstlichen Lechtaler Alpen, die sumpfige Hochfläche der Pestkapelle und das wildreiche Gaistal von dem Wettersteingebirge; im Osten findet sich die Höhe von Buchen und das tief eingerissene Kochental als Begrenzung gegen die wellige Hügellandschaft von Seefeld und Mösern.« Der wichtigste Talort für die Mieminger ist Ehrwald, nur 120 Kilometer von München entfernt. Die nachstehend geschilderte Höhenwanderung kann unbesorgt als Tagestour geplant werden und soll zu weiteren Touren in der mauerartig geschlossenen, sich über 18 Kilometer von West nach Ost erstreckenden Mieminger Kette anregen. Allerdings sind die Anstiege im zentralen Teil der Gruppe und zu ihren höchsten Gipfeln verhältnismäßig lang, dafür aber stille, verlassene Bergpfade.

Beim Marsch ab der Kirche in *Ehrwald* auf der Dr.-Ludwig-Ganghofer-Straße (Ehrwald war Ganghofers Wahlheimat) durch das Oberdorf in östliche Richtung können wir es uns noch überlegen, ob wir gegenüber von Haus Nummer 43 bei der Kapelle rechts abbiegen (Tafeln) oder auf dem Sträßchen noch ein Stück weitergehen und uns nach dem »Gaista-

ler Hof« in einen Liftsessel der Ehrwalder Almbahnen setzen und mühelos zur Ehrwalder Alm in fast 1500 Meter Höhe gelangen. Ich für meinen Teil bevorzuge den Fußpfad über den Hohen Gang, der im unteren Teil durch prächtigen Lärchenwald führt. Zwar ist der Steig nach dem kleinen Aussichtsplatz der Coburger Bank wegen der Seebenwände nicht ganz ungefährlich, doch für Trittsichere kein Problem. Dagegen gestaltet sich die Wanderung von der *Ehrwalder Alm* über den Gasthof Alpenglühn und die Seebenalm weniger anstrengend. An Zeit ist dabei nicht allzuviel zu gewinnen, weil man allein schon im Sessellift zur Ehrwalder Alm rund ½ Stunde verbringt.

Der *Seebensee*, für Ludwig Ganghofer ein »Märchensee«, wird von beiden Hüttenwegen berührt. Danach geht es nur noch über den Hohen Fall, einen Steilhang, und wir sind bei der *Coburger Hütte*.

War es am Seebensee die gigantische Zugspitzmauer, die uns in ihren Bann schlug, so fesseln uns bei der Coburger Hütte die prachtvollen Gipfel, die den Felskessel und das Drachenkar rahmen: im Osten die Tajaköpfe, südöstlich die breitgelagerten Griesspitzen, als südlicher Abschluß des Drachenkars der klotzig-elegante Grünstein mit seiner Nordkante, über die eine der schönsten Kletterfahrten (IV+) in den Miemingern führt, und im Westen die gutgeformte Sonnenspitze, der beliebteste Mieminger Gipfel. Der übliche Weg verläuft von links, unterhalb der Biberwierer Scharte durch die Südwand. Die Route ist mit einigen Eisenklammern versichert, und ein Stück von ihr wurde mit einem Drahtseil versehen. Trotzdem muß man tüchtig zugreifen: Es gibt Kletterstellen im I. und II. Schwierigkeitsgrad. Zeit von der Hütte bis zum Gipfel etwa 1¾ Stunden.

Die Coburger Hütte ist nur eine Zwischenstation unserer Höhentour. Vom nahezu kreisrunden *Drachensee* aus beginnen wir den einstündigen Aufstieg zur *Grünsteinscharte* (2263 m). Von der schmalen Scharte öffnet sich der Blick hinaus zum Tschirgant und ins Gurgltal nach Tarrenz.

Jenseits durch ein breites Geröllkar (»Höllreise«) absteigen und etwa ¼ Stunde später rechts mit Steigspuren durch die Schutthänge auf der Südseite des Grünsteins in 40 Minuten zum *Hölltörl* (2127 m). Südwärts wären es 10 Minuten zum Postament des Höllkopfes (2193 m). Auf der Nordseite des Törls zieht ein Geröllkegel hoch zur Riffelrinne, durch die in 1½ Stunden der Grünsteingipfel (2660 m) erklommen werden kann.

Ab dem Hölltörl haben wir alle Aufstiegsmühen hinter uns. Zum *Marienbergjoch* (1788 m) ist es ½ Stunde. Unweit einer Schlepplift-Bergstation steht das *Marienbergjochhaus*. Bis hierher sind es von der Coburger Hütte etwa 2½ Stunden; für den Abstieg nach Biberwier soll man 1¼ bis 1½ Stunden rechnen. Es ist zu überlegen, wieviel Zeit noch bleibt. Besonderen Spaß macht es, an einem Schönwettertag hier zu bleiben, auf der Rast irgendwo im breiten Sattel im Gras zu liegen und den Wolken am tiefblauen Himmel nachzuschauen. Im Südosten, jenseits des Inntals, locken die Stubaier Alpen; im Nordwesten erhebt sich der Grubigstein, der Hausberg von Lermoos.

Ein Stück absteigen in Richtung Biberwier, bis rechts der nahezu ebene Verbindungssteig zum *Schachtkopf* (1642 m) abzweigt. Hinüber zu den Geröllreisen unterhalb der Biberwierer Scharte und Abstieg auf dem rotbezeichneten Weg 814. Vom Waldrand schöner Blick über den Talkessel mit seiner charakteristischen Moorvegetation und den verstreut liegenden Heuhütten. Letztes Verweilen bei der St.-Rochus-Kapelle, einem idyllischen Flecken. Scheinbar himmelhoch ragt die Sonnenspitze auf, und über Ehrwald erhebt sich der Titanenleib der Zugspitze.

Biberwier hat seinen Namen von Biberdämmen (»Biberwehren«). Es war (bis 1810) der höchstgelegene Aufenthaltsort von Bibern in Mitteleuropa. Der Postbus bringt uns zurück nach Ehrwald; zu Fuß auf der Straße wären es ¾ Stunden.

Touristische Angaben

Unschwierige Tageswanderung. Effektive Gehzeit (Ehrwald—Biberwier) etwa 7 Stunden. Insgesamt zu bewältigende Steigung: etwa 1400 Meter. Bei Benützung des Sessellifts entfallen etwa 500 Höhenmeter. Gipfelbesteigungen (z. B.

Sonnenspitze) machen eine Übernachtung in der Coburger Hütte notwendig. Günstigste Jahreszeiten: Frühsommer bis Herbst.

Talorte: *Ehrwald* (980 m), Fremdenverkehrsort auf der Westseite der Zugspitze, 4 Kilometer von Lermoos, 25 Kilometer von Garmisch-Partenkirchen. Gute Bus- und Bahnverbindungen. Hotels, Gasthöfe, Pensionen.

Biberwier (987 m), Fremdenverkehrsort auf der Nordseite des Fernpasses, 3 Kilometer von Ehrwald (Busverbindungen). Hotels, Gasthöfe, Pensionen.

Unterkünfte: *Ehrwalder Alm* (1493 m), private Berggasthöfe, am Abschluß des Gaistals. Betten und Lager. In den Sommermonaten bewirtschaftet. Von Ehrwald zu Fuß etwa 1¾ Stunden. Sessellift von Ehrwald (Talstation nahe beim Gaistaler Hof am östlichen Ortsrand).

Coburger Hütte (1917 m), Deutscher Alpenverein, über dem Drachensee im felsumschlossenen Drachenkar. Betten und Matratzenlager. Bewirtschaftet von Pfingsten bis Ende September. Von Ehrwald (über den Hohen Gang) 3 Stunden, von der Ehrwalder Alm knapp 2 Stunden.

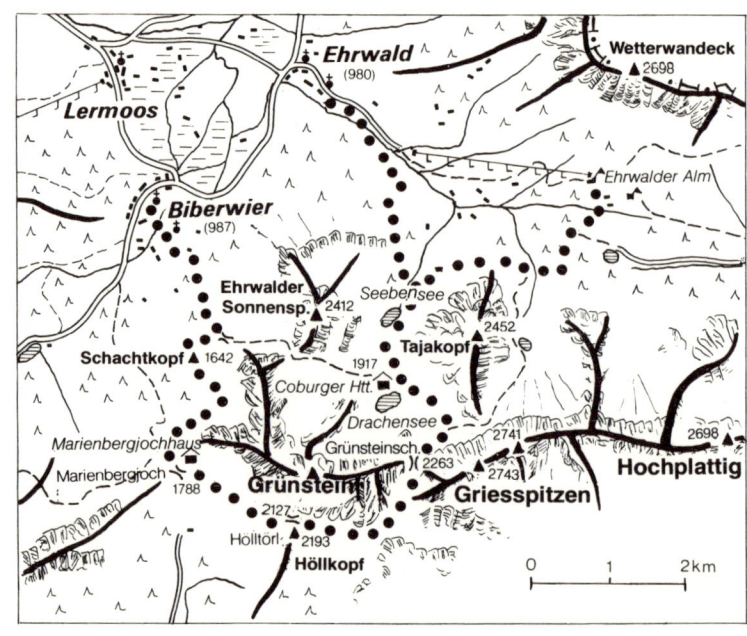

*Beim Aufstieg von Oberau in Richtung Krottenkopfhaus lohnt
sich ein Abstecher auf den Hohen Fricken (über den Grat etwas
links der Bildmitte), einen der stillsten Berge im Estergebirge.*

Estergebirge

Gipfel über dem Loisachtal

Auf der Fahrt durch das Loisachtal füllt der Kamm des
Wettersteingebirges, der sich hinter Farchant im Süden erhebt, den Horizont aus. Die Blicke bleiben an den unvergleichlichen Felsgestalten von Dreitorspitze, Alpspitze und
Waxensteinen hängen, während das Estergebirge — im tat-
sächlichen Sinn des Wortes und auch oft im übertragenen —
links liegengelassen wird. Wer kennt und beachtet schon die
Gipfelwelt östlich der Olympiastraße zwischen Eschenlohe
und Farchant? Vom Tal aus gesehen hinterlassen diese Berge
auch keine tieferen Eindrücke. Eher schon bei der Abfahrt
über den Ettaler Berg. Da erscheint das Estergebirge hinter
dem Loisachtal wie eine Barriere. Rechts das harmonisch ge-
formte Dreieck des Hohen Fricken, von dem der Kamm links
in nordöstliche Richtung verläuft zur Hohen Kisten.

Die Grenzen dieses Teils der Bayerischen Voralpen sind
rasch umrissen: im Süden und Osten die Straße von Garmisch-Partenkirchen über Wallgau nach Einsiedel am Walchensee, im Norden das Tal der Eschenlaine und im Westen
das Loisachtal zwischen Eschenlohe und Garmisch-Partenkirchen. In diesem Bereich warten rund 20 mehr oder weniger ansprechende Gipfel auf Wanderer und Bergsteiger. Die
lohnendsten werden von unserer Höhenwanderung berührt.
Abgesehen vom Wank, der südlichsten Erhebung, ist das
Gebiet von Seilbahnen und ähnlichen Aufstiegshilfen verschont geblieben. Es wird dem Höhenwanderer also nichts
geschenkt! Dafür gibt es einen Trost: Die Gruppe ist keineswegs überlaufen, noch nicht zum Ziel von Scharen sonnen-
hungriger Ausflügler geworden, denen oft jede nähere Beziehung zur Natur fehlt. Die Hüttenanstiege sind verhältnismäßig lang. Und wer die Höhentour angeht, muß schon um
die 9 bis 10 Gehstunden einplanen, unter Umständen auch
eine Übernachtung in der Krottenkopfhütte.

Das Estergebirge — es besteht in der Hauptsache aus stark
zerklüftetem und brüchigem Hauptdolomit — kann aus dem
übermächtigen Schatten des monumentalen Wetterstein-
birges mit seinen grauen Kalkriesen nicht heraustreten und
soll es auch nicht! Zweitrangigkeit bedeutet in diesem Fall
weniger »Klasseverlust« als vielmehr wohltuende Einsamkeit in einer eigenständigen Landschaft.

Wo der Ettaler Berg seine letzten Ausläufer ins Loisachtal
entsendet, liegt beiderseits der Olympiastraße die Ortschaft
Oberau, bereits im 8. Jahrhundert als Schenkung an das
Kloster Benediktbeuern urkundlich erwähnt. Hier beginnt
unsere Wanderung, die vorerst noch eine Zeitlang im Tal
bleibt. Wenige Schritte südlich des Bahnhofs zeigt eine Tafel
den Weg nach Farchant an. Auf dem Uferweg steht die
kleine Nepomuk-Kapelle. Auf der Brücke geht es über die
Loisach. Ihr Name stammt übrigens, wie der fast aller oberbayerischen Flüsse, aus dem Keltischen: »liubis-aha«, was
soviel bedeutet wie »Liebliche Au«, hieß die Gegend bereits
in einer Urkunde aus dem Jahr 740. Bei zwei Heustädeln
sind links des Wegs noch ganz schwach die Aufwerfungen
der »Schanze« zu erkennen, eines 1648 angelegten Schutz-
walls der kaiserlichen Truppen gegen die Schweden, die damals bei Murnau standen.

Nach dem *Röhrlbach* gabeln sich die Wege. Wir halten uns
links an den roten Punkt, einige Minuten marschieren wir
entlang des Bachlaufs, dann links über einen Holzsteg. Das
Gelände wird steiler. Lichter Bergwald umfängt uns. Serpentinen leiten zur Höhe, und etwa 1½ Stunden nach Oberau
sind wir bei der (geschlossenen) *Bergwachthütte*. Der rote
Punkt gilt auch weiterhin als Markierungszeichen. Durch
Mischwald gelangen wir zu dem oft noch im Hochsommer
mit Schneeresten angefüllten *Frickenkarl* zu Füßen des Niederen Fricken. Etwa 10 Minuten später wird ein Quell-
brunnentrog passiert. Linkshaltend zu einer Almwiese und
über sie hinweg zu Latschen. Eine Tafel erklärt die umliegenden Wanderziele. Rechts erhebt sich der Hohe Fricken.
Ich habe ihn einmal an einem herrlichen Spätsommersonn-
tag erlebt, als sich die Autos im Tal stauten und auf der
Esterbergalm kein Platz mehr frei war. Ich war der einzige
Mensch am Gipfel: seit langem, wie aus dem Gipfelbuch zu
ersehen war. Aus diesem Erlebnis heraus kann ich den Aufstieg zum *Hohen Fricken* (1940 m), obwohl mit einem Umweg verbunden, nur empfehlen. Knapp 1½ Stunden dauert
der Hin- und Rückweg, ein streckenweise luftiger Gang über
den felsigen, mit Latschen bestandenen Nordostgrat.

Wer darauf verzichtet, hält sich bei der genannten Tafel

Bergmesse auf dem Hohen Fricken. Im Hintergrund das Wettersteingebirge von der Zugspitze (rechts) über die Alpspitze zur Dreitorspitze. Rechts unten ein Teil von Garmisch.

Seite 28   Die Krottenkopfhütte ist der beste Stützpunkt für Besteigungen des Krottenkopfes, der höchsten Erhebung im Estergebirge.

links und wandert durch Latschenfelder mäßig bergan in 20 Minuten zum Sattel zwischen Bischof (rechts) und Henneneck (links). Der Weg zur Krottenkopfhütte ist so gut wie vorgezeichnet. Wer sich die Route nicht so genau vorschreiben lassen möchte, kann zum *Henneneck* (1964 m) hinaufsteigen und überschreitet anschließend rechtshaltend den aussichtsreichen Grat über das *Kareck* (2046 m) zum *Oberen Rißkopf* (2049 m) in Rufweite der *Krottenkopfhütte*. Besteigen wir im gleichen Zug auch noch den *Krottenkopf!* Es ist die höchste Erhebung (2086 m) im Estergebirge. Von der Hütte sind es über seinen begrasten Rücken 20 Minuten zur grasgepolsterten Spitze.

Bei der Krottenkopfhütte angelangt, sind wir, wenn wir den Hohen Fricken unberücksichtigt lassen, 4¼ Stunden unterwegs. Auf der zweiten Etappe gilt die Nordrichtung. Der rotmarkierte Weg zieht sich durch die Osthänge des Oberen Rißkopfes, des Schindlerskopfes und des Archtalkopfes. Auch von hier kann man jenseits des Isartals das Karwendel mit der stattlichen Gestalt des Wörners erkennen.

Die *Hohe Kisten* (1922 m) nehmen wir auf jeden Fall mit. Letzte Rast vor dem Abstieg: Im Archtal ist deutlich der für dieses Gebiet seltene Wettersteinkalk zu erkennen. Im Norden liegt die Weite des Murnauer Mooses, das graue Band der Autobahn und der Staffelsee sind zu sehen; im Westen spitzelt das Ettaler Mandl aus den Wäldern des Laberbergs hervor, zu unseren Füßen bei Eschenlohe öffnet sich die Loisachpforte, durch die sich Straße, Bahn und Fluß zwängen.

Vom Kreuz auf einem schmalen Felssteig in 10 Minuten hinunter ins »Gatterl«. Von dort senkt sich ein felsiger Pfad in Serpentinen und weiten Kehren zum oberen Talschluß. Die Jagdhütte rechts liegenlassend, wandern wir im Wald abwärts. Nach einiger Zeit schwenkt der Weg in Westrichtung ein. Nun sind wir im Tal der Eschenlaine. Hochwald ringsum. Bei der *Wengen-Kapelle* gibt uns der Wald frei. Vor uns liegt *Eschenlohe*, dessen alter Ortsteil sich um den Rokokokuppelbau der Pfarrkirche St. Clemens gruppiert. Bei den ersten Häusern schwach linkshalten zum Talweg. Hier trennen uns noch etwa 1½ Stunden von Oberau. In

¼ Stunde sind wir bei den *Sieben Quellen*, die links am Wegrand aus der Erde treten. Rechts verstecken sich im Moos zahlreiche Weiher und Tümpel, dahinter liegt das Eschenloher Filz. An seinem östlichen Rand schlendern wir an der Basis des Estergebirges vollends zurück nach *Oberau*.

Touristische Angaben

Unschwierige Bergwanderung. Gehzeit: 9 bis 10 Stunden (ohne Hohen Fricken). Insgesamt zu bewältigende Steigung: etwa 1500 Meter. Am besten Übernachtung in der Krottenkopfhütte. Günstigste Jahreszeiten: Frühsommer (Juni) und Herbst (September und Oktober).

Talort: *Oberau:* (659 m), Ferienort an der Olympiastraße, 62 Kilometer von München, 8 Kilometer von Garmisch-Partenkirchen. Hotel, Gasthöfe, Pensionen.

Unterkunft: *Krottenkopfhütte* (1946 m), Deutscher Alpenverein, in einem flachen Sattel nordwestlich des Krottenkopfes. Betten und Matratzenlager. Bewirtschaftet von Anfang Juni bis Ende Oktober. Von Oberau etwa 3¾ Stunden.

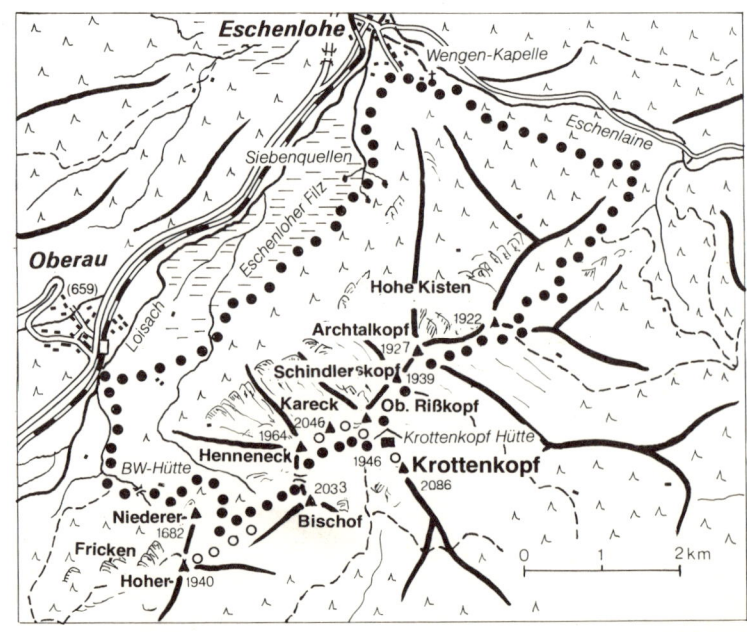

In der Alpspitze-Nordwand. Der Klettersteig traversiert den unteren Wandteil.

Seite 29   Das Reintal mit der märchenhaft schönen Blauen Gumpe, in der sich die Plattspitzen spiegeln, ist das Endziel des Höhenwegs im Wetterstein.

Wettersteingebirge

Vom Kreuzeck über den Schützensteig ins Reintal

Das Wettersteingebirge gleicht auf der Karte einem Kometenschweif: Stirnpunkt ist das Zugspitzmassiv mit der Schneeferner-Umrahmung, davon ausstrahlend die drei Hauptkämme Waxensteinkamm, Blassenkamm und Wettersteinkamm. Die Berge und ihre lockenden Gipfel haben klangvolle Namen: Zugspitze, Waxensteine, Dreitorspitze; die begehrte Alpspitze und auf der Nordseite der Gruppe das Kreuzeck.

Am Kreuzeck kann man sich entscheiden, wohin die Tour führen soll. Vielleicht über das Hupfleitenjoch ins Höllental (siehe Trenker/Dumler, Die schönsten Höhenwege der Ostalpen)? Anstrengender und schwieriger ist der Aufstieg zur Alpspitze, ebenso der Übergang auf dem »Schützensteig« ins Reintal. Dies dürfte die anspruchsvollste Höhenwanderung im Wetterstein sein, landschaftlich überaus interessant, aber nicht immer einfach. Früher unternahm man die Wanderung ausschließlich vom Kreuzeck aus, über die Stubenhütte oder durch die eisenstarrenden »Schöngänge«. Seit Fertigstellung der Osterfelderbahn und des Alpspitz-Nordwandsteigs wählt man besser die Osterfelder als Auftakt. Dadurch entfallen etliche Meter an Steigung, und außerdem vermittelt schon der Anfang die charakteristischen Eindrücke eines ausgesprochenen Höhenwegs.

Von der Osterfelderbahn-Bergstation wandern wir in südlicher Richtung unterhalb des Höllentorkopfes zur Abzweigung des Steigs zur Rinderscharte. Wenige Meter danach versperrt ein großer abgespaltener Turm den Weg. Er stellt bereits die »Schlüsselstelle« der Wanderung dar. Wer hier keine Schwierigkeiten hat, braucht auch in der Folge nichts mehr zu befürchten. Aus der Scharte des Turms ein wenig ansteigend über Geröll und durch Schrofengelände zur Basis der Alpspitze-Nordwand.

Die ganze Wand wirkt nun längst nicht mehr so steil wie vom Kreuzeck aus, wenn auch die unmittelbar folgende, schwarze, überhängende Wandpartie bange machen möchte: Sie wird unschwierig durch zwei Stollen überwunden. Aus den Stollenfenstern öffnen sich überraschende Tiefblicke und eine umfassende Ausschau auf das der Alpspitze vorgela-

gerte Gelände vom Osterfelderkopf zum Hausberg. Anschließend verläuft der Steig, gut versichert, ständig leicht bergan und größtenteils über natürliche Felsbänder. Auf diese Weise wird der gesamte untere Teil der Alpspitze-Nordwand traversiert. An ihrem Ende turnen wir buchstäblich an Steigbügeln und Seilen durch eine Verschneidung empor und erreichen schließlich das Oberkar.

Der Alpspitzgipfel liegt fast am Weg; etwa 1 Stunde ist es zur 2620 Meter hohen Spitze. Für diesen Aufstieg klettert man aus dem Oberkar mit Hilfe von Leitern über einen Plattenschuß und quert dann zum üblichen Normalweg. Auf keinen Fall vergessen, auch den Rückweg der Zeitplanung zuzurechnen sowie die Tatsache, daß es von der Reintalangerhütte noch rund 4 Stunden hinaus nach Garmisch-Partenkirchen sind!

Aus dem Oberkar-Abstieg zum entlegenen Stuibensee. Noch ein Stück absteigen, rot markiert, in Richtung Stuibenwände beziehungsweise rechts davon in eine Senke und mühsam im Gegenanstieg durch eine begrünte Mulde an ihrer linken Begrenzungsrippe empor in die Mauerscharte am Auslauf des Blassenkamms.

Grandios ist der Blick auf den Wettersteinkamm, in die düstere Nordwand des Hochwanners und zu den Türmen und Spitzen des Kletterparadieses Oberreintal.

Ab der Scharte umgehen wir den Aufschwung des Gaifgrats auf einem breiten Grasband. Von seinem Ende hinauf zum Grat und auf ihm bis zu einem Stück kurz vor einer Eisenstange, etwa 150 Meter über der Mauerscharte, wo es im Zickzack abwärts geht. Der »Schützensteig« wird von der Alpenvereinssektion München instandgehalten und ist gut markiert. Etwas weiter unten ist eine ausgewaschene Rinne mit einem Drahtseil versichert. Kurz darauf eine weitere gesicherte Stelle, eine glatte Felspassage am oberen Latschenrand. Die zwei auffallenden Höhlen rechter Hand sind die »Schützengufel«. Darüber die prallen, äußerst schwierigen Gaifwände.

Die »Gaifrinne«, eine Lawinenbahn, wird gequert. Wir erreichen die Schrofenmulde des Blassenlochs. Mäßiger Anstieg quer durch die Mulde und danach wieder abwärts

durch eine flache Mulde und durch Latschengestrüpp auf gut
erkennbarem Pfad. Abstieg etwa 50 Meter durch eine Rinne.
Mit der Zeit wird es warm in den Latschen. Nach zwei Gräben, die überschritten werden, nimmt uns eine tiefe Schlucht
auf, wo bis in den Sommer hinein Altschneereste liegen.
Uns gegenüber immer die eindrucksvolle Hochwannerwand,
einer der höchsten Felsabstürze der Ostalpen. Ein breiter
Geröllstrom wird rechts absteigend gequert. Hier müssen
wir auf die Steigspuren achten, denn die Farbzeichen sind
nicht überall auszumachen. Aber schon kurze Zeit später
betreten wir den breiten Weg, auf dem wir rechts in 10 Minuten die *Reintalangerhütte* erreichen.
Wer auf einen Besuch der Hütte verzichtet, folgt dem breiten
Weg links talauswärts, vorbei an der eiskalten (an heißen
Tagen als Bad erfrischenden) *Blauen Gumpe*. Die kleine *Bock-
hütte* liegt am Weg. Kurz darauf die Rechtsabzweigung zum
Oberreintal. Wir bleiben im Tal — und es wird ein »Hat-
scher«! Nahezu eben geht es lange Zeit auf einer breiten
Forststraße dahin. Der Weg scheint kein Ende zu nehmen,
bis uns die wohltuende Kühle der *Partnachklamm* umfängt.
Doch spätestens dann ist es auch aus mit der Einsamkeit!

Touristische Angaben

Tagestour für Trittsichere und Schwindelfreie. Bei Nebel ist
der »Schützensteig« streckenweise schwierig zu finden.
Effektive Gehzeit Osterfelderbahn—Garmisch-Partenkirchen
(Olympiastadion): 8 bis 9 Stunden; zur Reintalangerhütte
etwa 4½ Stunden. Insgesamt zu bewältigende Steigung:
etwa 400 Meter. Günstigste Jahreszeit: Anfang Juli bis Ende
September.
Talort: *Garmisch-Partenkirchen* (720 m), Fremdenverkehrsort an der Bundesstraße 2 in einem weiten Talkessel des Werdenfelser Landes vor dem Wettersteingebirge, 1936 Austragungsort der Olympischen Winterspiele; 95 Kilometer
von München. Eisenbahnstrecke Weilheim (von München
und Augsburg)—Mittenwald bzw. Innsbruck, gute Busverbindungen. Hotels, Gasthöfe, Pensionen, Jugendherberge,
Zeltplatz. Krankenhaus, Schwimmbad. Sehenswürdigkeiten:

alte Pfarrkirche in Garmisch; neue Pfarrkirche von Josef
Schmuzer. In Partenkirchen: Werdenfelser Heimatmuseum.
Unterkünfte: *Kreuzeck-Haus* (1652 m), Deutscher Alpen-
verein, in prachtvoller Lage oberhalb von Garmisch-Parten-
kirchen bei der Bergstation der Kreuzeck-Seilbahn (die Tal-
station kann, ebenso wie die Osterfelderbahn, mit dem
Garmischer Ortsbus erreicht werden). Betten und Lager. Zu
Fuß von Garmisch-Partenkirchen etwa 2½ Stunden.
Reintalangerhütte (1366 m), Deutscher Alpenverein, am
Reintalanger zu Füßen der Hochwanner-Nordwand. Betten
und Lager. Von der Osterfelderbahn-Bergstation etwa 4½
Stunden, von Garmisch-Partenkirchen durch das Reintal
5 bis 5½ Stunden.

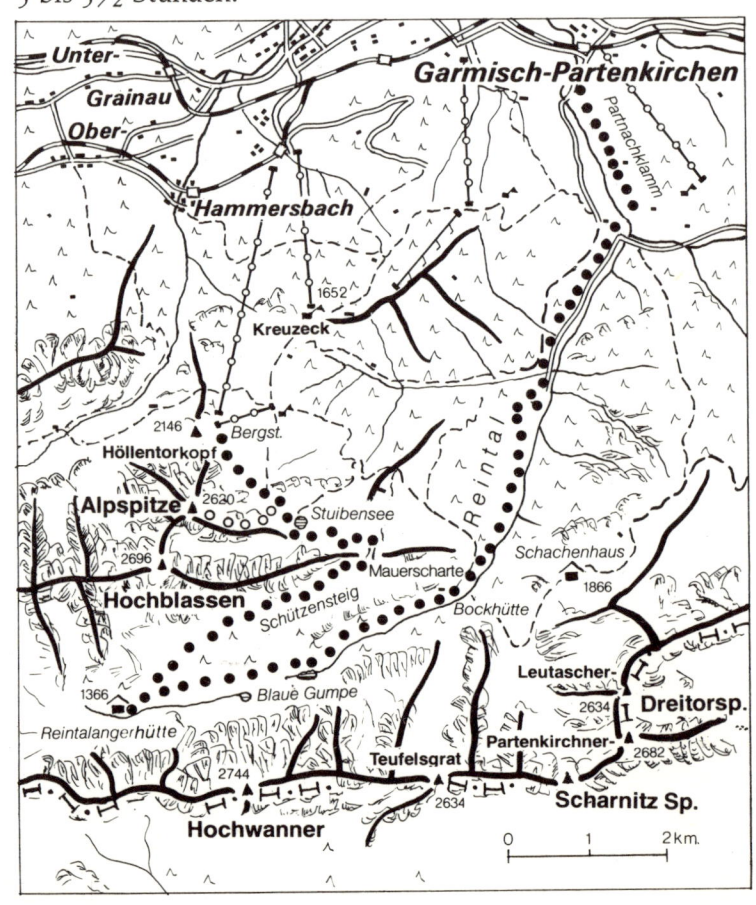

Walchenseeberge

Gratwanderung vom Herzogstand zum Heimgarten

Wie für so viele Münchner war auch für mich der Herzogstand in den Walchenseebergen der erste richtige Berg, den ich als Bub in eigener Verantwortung mit einem Freund erstieg, zu Fuß auf dem Reitweg von der Kesselberghöhe, und im Anschluß ging es auf dem Gratweg zum Heimgarten. Damals gab es noch keine Seilbahn. Auf dem Weg zum Heimgarten begegnete uns keine Menschenseele. Inzwischen hat sich vieles verändert. Schuld daran ist der Sessellift, der an schönen Wochenenden von früh bis abends pausenlos besetzt ist. Die Alpenvereinssektion München hat ihre Herzogstandhäuser verkauft. Sie sind auch mehr Ausflugsgaststätte als Bergsteigerstützpunkt. Von dort wälzen sich oft wahre Ströme von Menschen — ich habe darunter schon Leute in Anzug und Krawatte gesehen — zum Herzogstandgipfel. Wie eine bunte Perlenschnur zieht sich die Menschenkolonne die langen Kehren hinauf zum Pavillon auf dem höchsten Punkt des Berges. Weit über die Hälfte stolpern anschließend wieder zurück zur Hütte. Die anderen wagen sich an den luftigen Gratübergang zum Heimgarten. Und das ist zweifellos der Höhepunkt aller Wanderungen im Walchenseegebirge, für mich die schönste Gratwanderung überhaupt: faszinierend der Gegensatz zwischen Flachland und Gebirge — glückliches Schauen weit in die Ferne und schwindelerregende Tiefblicke. Ein gutgemeinter Rat: Am Samstag ist es am Herzogstand und am Heimgarten viel ruhiger als an Sonntagen oder an Feiertagen.

Auf welche Weise man die Herzogstandhäuser erreicht, bleibt jedem selbst überlassen. Am schnellsten geht es mit dem Sessellift: 11 Minuten vom Parkplatz zur Bergstation und auf einem aussichtsreichen Promenadenweg in gut 5 Minuten zur Hütte. Zu Fuß ist der »Reitweg«, angelegt unter König Ludwig II., am bequemsten. Eine Stunde länger braucht man von Schlehdorf auf dem von königlich-bayerischen Pionieren 1887 erschlossenen Pionierweg.
Zu den *Herzogstandhäusern* müssen wir in jedem Fall. Dort präsentiert uns der Herzogstand seinen latschenüberzogenen Gipfelhang, über den der Aufstieg erfolgt. Zunächst muß auf einem Hangweg die Ostflanke des kreuz-

geschmückten Martinskopfes traversiert werden. Zu unseren Füßen breitet sich der Wiesenkessel mit der Schlehdorfer Alm aus, die vom »Reitweg« berührt wird. Die Kehren danach sind so geschaffen, daß man nicht ins Schnaufen kommt. Einige Minuten vor dem Gipfel steht rechts draußen auf einer Kanzel ein Kreuz: die erste große Aussicht. Nach ½ Stunde — ab der Hütte — sind wir dann auf dem *Herzogstand* (1731 m). Unvergeßlich der Blick hinaus in altbayerisches Stammland, auf Seen, Moore und Filze. Im Gegensatz dazu die kalte Riesenpracht von Karwendel und Wetterstein.
Ein Stück unterhalb des Gipfels beginnt der Gratübergang zum Heimgarten. Nur für Trittsichere! Ich nehme auf derartigen Wegen meine kleinen Kinder grundsätzlich an die Reepschnur. Und noch etwas vornweg: Lassen Sie sich Zeit! Dieser Grat ist vom ersten bis zum letzten Schritt ein Genuß. Allerdings nichts für einen Hans-guck-in-die-Luft! Es gibt überall geeignete Stellen zum Verweilen.
Gleich zum Auftakt blicken wir linker Hand in wilde, schaurige Felsschluchten. Zehn Minuten später treffen wir auf die ersten Drahtseile, eine willkommene Hilfe auf der schwindelnden Höhe. Tief unten liegt der Kochelsee. Kleine Motorboote pendeln zwischen den Anlegestegen. Früher einmal reichte der See bis weit über Benediktbeuern hinaus. Von Schlehdorf grüßt das Kloster herauf, dessen Kirche auch durch den Namen Johann Michael Fischers berühmt wurde. Das Denkmal des »Schmieds von Kochel« ist zu klein, um es von hier oben ausmachen zu können. Am südlichen See-Ende befindet sich das 1925 fertiggestellte Walchenseekraftwerk. Deutlich sind die sechs mächtigen Rohre zu erkennen, durch welche die Wasser aus dem Walchensee 200 Meter in die Tiefe stürzen und im Krafthaus acht Turbinen antreiben: Höchstleistung 168 000 PS.
Im Vorblick sehen wir auf der ganzen Wanderung den Heimgarten. Er scheint einfach nicht näherkommen zu wollen! Am Beginn des Grats waren auf einer Tafel 1 bis 1½ Stunden für seine Überschreitung angegeben. Wer 1¼ Stunden braucht, hat das richtige Tempo gewählt.
Auf und ab geht es über mehr oder weniger ausgeprägte

35

Graterhebungen. Einige werden in ihrer Südseite umgangen. Etwa in der Mitte des Grats befindet sich eine Erhebung mit Kreuz. Dort zu rasten ist keine schlechte Idee, denn der »Verkehr«, die Masse der Leute, läuft nämlich unten vorbei. Keiner sollte versäumen, auch Rückschau zu halten: Über den Grathöckern baut sich der Herzogstand auf. Der Walchensee ist nur teilweise zu sehen. Aber wir haben ihn ja noch in bester Erinnerung vom Herzogstand. Er ist einer der schönsten Bergseen. Sein Wasser spiegelt in allen Grünschattierungen; Sagen und Geheimnisse erzählt man sich von seinen Tiefen, die an manchen Stellen fast 200 Meter erreichen. Die Bilder des Malers Lovis Corinth sind künstlerische Zeugen seiner Schönheit.

Immer wieder folgen ausgesetzte Passagen. Und schließlich beginnt der Aufstieg durch Latschen zum *Heimgarten* (1790 m), dem letzten Aussichtsthron. Hinter dem Gipfel schmiegt sich die kleine *Heimgartenhütte* an den Hang. Es ist ein Glücksfall, wenn man drinnen noch einen Platz bekommt. Meistens sind sogar die Stühle vor der Hütte schon besetzt. Plätze für eine Brotzeit gibt es aber auch beim Abstieg, irgendwo abseits des Alpenvereinswegs 445. In ½ Stunde sind wir unten im Sattel, in dem links die Ohlstädter Alm liegt. Der folgende Gegenanstieg im Nordosthang des Rotwandkopfes dauert nur 10 Minuten. Als Belohnung erwartet uns ein überraschender Blick auf den Walchensee. Gemütlich spazieren wir durch den urwelttähnlichen Hangwald mit imponierenden Wetterfichten. Dazwischen zeigt sich der Grat zwischen Herzogstand und Heimgarten.

Die anschließenden Kehren scheinen kein Ende nehmen zu wollen. Eine halbe Stunde steigen wir im steilen, bewaldeten Hang abwärts. Erlösung bringen eine Rastbank und ein breiter Weg. Links weist eine Tafel in die Schlucht des Deiningbachs, dessen Rauschen wir hören. Es dauert nicht mehr lange, bis unser Weg an den Bach heranführt. Die Gumpen sind im Hochsommer gesuchte Badeplätze. Beim ersten Haus von *Walchensee* halten wir uns links, bleiben am Deiningbach und treffen 10 Minuten später wieder beim Parkplatz ein.

Touristische Angaben

Tageswanderung; Trittsicherheit erforderlich. Effektive Gehzeit ab den Herzogstandhäusern: 3½ bis 4 Stunden. Insgesamt zu bewältigende Steigung: etwa 300 Meter. Günstigste Jahreszeit: Mitte Mai bis Ende Oktober; am idealsten im Frühsommer und im Herbst. Bei verbreiteten Altschneeresten kann der Gratübergang unangenehm werden.

Talort: *Walchensee* (803 m), Fremdenverkehrsort am gleichnamigen See, 72 Kilometer von München. Hotels, Gasthöfe, Pensionen, Zeltplatz; Jugendherberge in Urfeld. Busverbindungen mit Mittenwald und Kochel (nächster Bahnhof). Talstation (Parkplätze, Bushaltestelle) der Herzogstandbahn.

Unterkunft: *Herzogstandhäuser* (1575 m), privat, zwischen Fahrenbergkopf und Martinskopf südlich des Herzogstands. Betten und Matratzenlager. Bewirtschaftet von Januar bis November. Von der Sessellift-Bergstation 8 Minuten. Von Walchensee 3 Stunden, von der Paßhöhe des Kesselbergs (Bushaltestelle) 3¼ Stunden.

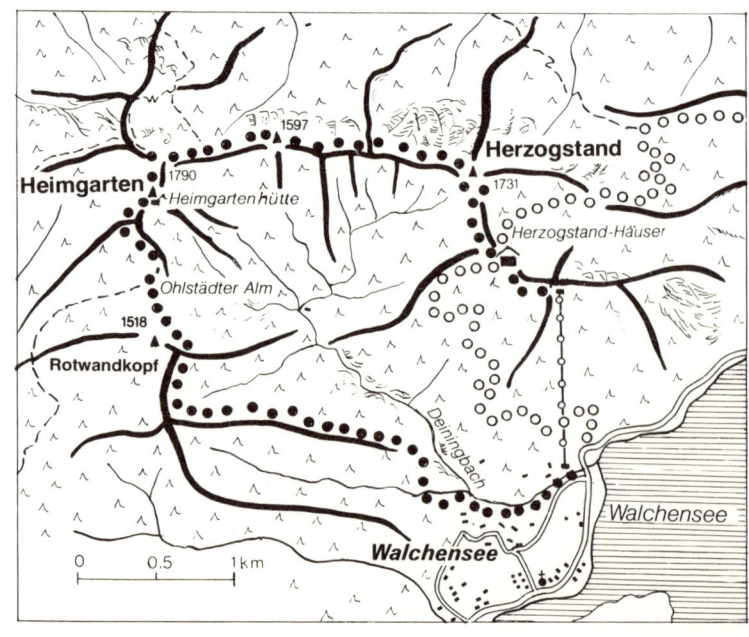

Die Seilbahn-Bergstation am Rand der Karwendelgrube. Gut zu erkennen ist der rechts ansteigende Weg zur Westlichen Karwendelspitze (mit Kreuz). Am rechten Bildrand beginnt der Mittenwalder Höhenweg.

Seite 39   Die Tiroler Hütte — im Hintergrund das Karwendel — liegt unweit des Aufstiegswegs zur Brunnsteinspitze auf österreichischem Boden.

Beherrschend erhebt sich das Karwendel über dem Geigenbauerdorf Mittenwald. Genauer betrachtet ist es ein Teil der 18 Kilometer langen Nördlichen Karwendelkette, die in einem langgezogenen Halbkreis das Karwendeltal abschirmt und bei einer Durchschnittshöhe von 2400 Meter insgesamt 25 Hauptgipfel trägt. Die Nördliche Karwendelkette ist zwar nur halb so lang wie der Karwendel-Hauptkamm, weist aber eine stolze Reihe ansehnlicher Berggestalten auf: Östliche Karwendelspitze, Wörner, Tiefkarspitze und die abenteuerliche Gipfelwelt direkt oberhalb von Mittenwald, wo die Viererspitze hoch in den Himmel ragt. In diesem verwinkelten Felsbereich nimmt die Westliche Karwendelspitze an Höhe (2385 m) den ersten Rang ein. Außerdem ist sie der meistbesuchte aller selbständigen Karwendelberge: Von der Bergstation ist es ja auch nur ein Katzensprung zum Gipfel! Gleichzeitig beginnt dort, in der Karwendelgrube, der Mittenwalder Höhenweg, der anspruchsvollste und interessanteste Weg seiner Art im ganzen Karwendel. Eine gute Tagestour im alpinen Gelände, an Leitern und Steigklammern.

Der eigentliche *Mittenwalder Höhenweg* beginnt also bei der Bergstation (2244 m) der Karwendelseilbahn in der *Karwendelgrube*. Man kann es sich einfach machen und mit der Gondel hochfahren (dann ist die Tour ohne weiteres an einem Tag durchzuführen). Ein besseres Kennenlernen des Berglands gewähren die Aufstiege über die Mittenwalder Hütte oder über die Dammkarhütte zur Karwendelgrube. Jeder dieser Wege hat seinen Reiz. Ich persönlich ziehe den über die Dammkarhütte (Ochsenbodensteig) vor, in der man, bestens bewirtet vom Besitzer, dem Hornsteiner-Heini, gut aufgehoben ist.

Über dem Hüttenweg schnellt die Nordwand der Viererspitze empor. Der dunkle Vierer, die Zahl in der Wand, ist schon vom Tal aus zu erkennen. Sie wird von Wasserstreifen gebildet und hat dem Berg seinen Namen gegeben. Wo der Balken des Vierers am höchsten reicht, bin ich einmal beim Versuch, die Direkte Nordwand zu durchsteigen, 30 Meter in die Seile gestürzt. Eines der beiden Perlonseile war wie ein Bindfaden gerissen.

Das Dammkar — nichts als Geröll, schattig, bis weit in den Sommer hinein mit Schnee gefüllt. Linker Hand die Lerchfleckspitze. Der Weg ist anstrengend. Schließlich erreicht man den oberen Rand der Karwendelgrube.

Ein kurzer Abstecher zur Westlichen Karwendelspitze ist möglich. Der Aufstieg ist unschwierig, das abschließende Stück mit Drahtseilen gesichert. An schönen Tagen drängen sich die Leute am Gipfel.

Tafeln zeigen den Beginn des *Mittenwalder Höhenwegs*. Er hält sich in seinen großen Zügen an den Kammverlauf der Nördlichen Karwendelkette, die bei der Linderspitze in Südrichtung einschwenkt und die deutsch-österreichische Grenze markiert.

Es dauert nicht lange, dann stehen wir vor den ersten Leitern und Eisenklammern. Nach der *Nördlichen Linderspitze* (2373 m) geht es über einen steilen Grashang hinunter zum sogenannten *Steinernen Zaun*. Hier kreuzt man den Heinrich-Noë-Weg — ebenfalls eine lohnende Höhenroute —, auf dem wir jetzt direkt zur Brunnsteinhütte gehen könnten (bei unsicherem Wetter ratsam!). Wir folgen aber doch dem Mittenwalder Höhenweg: Es heißt wieder ansteigen, wobei mehrere Leitern auf den Grat helfen, der bis zum Gipfel der *Südlichen Linderspitze* (2305 m) verfolgt wird.

Hinüber zum *Gamsangerl* (2180 m), einem grünen Sattel nördlich der Sulzleklammspitze. Von hier besteht die letzte Gelegenheit, zum Sulzleklammanger beziehungsweise auf dem Heinrich-Noë-Weg zur Brunnsteinhütte abzusteigen.

Vor uns liegt jetzt der Aufstieg zur Sulzleklammspitze. Am Einstieg befindet sich eine kleine Notunterstandshütte. Über einen Vorbau wird der Grat erreicht. Und auch hier wieder Drahtseile und Eisenstifte. Ursprünglich war dieser Anstieg eine Kletterei im II. und III. Schwierigkeitsgrad. Die *Sulzleklammspitze* ist ein doppelgipfeliger Felsbau, 2319 Meter hoch. Vom Hauptgipfel geht es durch einen Sattel zum Vorgipfel und anschließend über Rasenhänge abwärts ins Felsgelände.

Im Gegenanstieg wird dann die *Kirchlespitze* (2302 m) genommen, wo die größten Schwierigkeiten überstanden sind. Hier ist gute Gelegenheit zu einer kurzen Rast.

41

Der Weiterweg ist ein ungetrübter Genuß auf dem Grat hoch über Isar- und Karwendeltal: im Westen die Leutasch, darüber die Südabstürze des Wettersteins; im Osten, jenseits des Karwendeltals, reihen sich die Gipfel zwischen Pleisenspitze und Birkarspitze, und im Süden zeigen sich die dunklen Nordwände zwischen Erlspitze und Hafelekar. Ab dem *Brunnsteinanger* (2069 m) nehmen wir den letzten nennenswerten Aufstieg in Angriff. Über Gras und Schrofen steigen wir zur *Rotwandlspitze* (2190 m) und weiter zur *Brunnsteinspitze* (2180 m), dem südlichsten und letzten Gipfel des Mittenwalder Höhenwegs. Erst beim Rückweg kehren wir kurz in der *Tiroler Hütte* ein, die bereits auf österreichischem Boden steht.

Wieder im Brunnsteinanger vertrauen wir uns dem *Brunnsteinsteig* an. Er senkt sich kehrenreich, passiert den nördlichen Rand der Roßzähne und führt schließlich durch Latschen und Geröll zur *Brunnsteinhütte*, einem herrlichen Aussichtsplatz über dem Isartal; 50 Minuten von der Brunnsteinspitze.

Beim Rückweg nach Mittenwald entschließen wir uns für den *Leitersteig* über die Sulzleklamm und die Lindlahn.

Touristische Angaben

Tagestour für Trittsichere und Schwindelfreie im alpinen Gelände. Nur bei sicherem Wetter. Effektive Gehzeit Karwendelgrube—Mittenwald (mit Westlicher Karwendelspitze): etwa 7½ Stunden. Insgesamt zu bewältigende Steigung: etwa 600 Meter. Beim Aufstieg von Mittenwald über Mittenwalder Hütte oder Dammkarhütte verlängert sich die Tour um rund 4 Stunden. Günstigste Jahreszeit: Ende Juni bis Ende September. Die erste Seilbahn fährt um 8 Uhr früh. Der Heinrich-Noë-Weg ist wesentlich leichter als der Mittenwalder Höhenweg und führt im großen und ganzen absteigend von der Karwendelgrube über die Brunnsteinhütte in etwa 5 Stunden nach Mittenwald.

Talort: *Mittenwald* (913 m), malerischer Fremdenverkehrsort am Westrand des Karwendelgebirges, 99 Kilometer (über Kochel) von München. Bahnstrecke München — Gar-

misch — Mittenwald — Scharnitz — Innsbruck. Gute Busverbindungen. Hotels, Gasthöfe, Pensionen, Jugendherberge, Zeltplatz. Sehenswürdigkeiten: Geigenbaumuseum; Standbild von Mathias Klotz (vor der barocken Pfarrkirche). Bürgerhäuser mit Fassadenmalereien des 18. Jahrhunderts.

Unterkünfte: *Mittenwalder Hütte* (1513 m), Deutscher Alpenverein, im Westabhang des Karwendels. Matratzenlager. Bewirtschaftet von Anfang Juni bis Mitte Oktober. Von Mittenwald 1½ Stunden.

Dammkarhütte (1650 m), privat, auf dem Dammbödele am Weg Mittenwald—Dammkar. Betten und Matratzenlager. Bewirtschaftet von Anfang März bis Mitte Oktober. Von Mittenwald 2 Stunden.

Tiroler Hütte (2100 m), privat, am Ostkamm der Rotwandlspitze. 6 Notlager. Im Sommer einfach bewirtschaftet. Von der Seilbahn-Bergstation nicht ganz 5 Stunden.

Brunnsteinhütte (1523 m), Deutscher Alpenverein, in der Westflanke der Kirchlespitze. Matratzenlager. Bewirtschaftet von Mitte Mai bis Mitte Oktober. Von der Seilbahn-Bergstation etwa 6 Stunden.

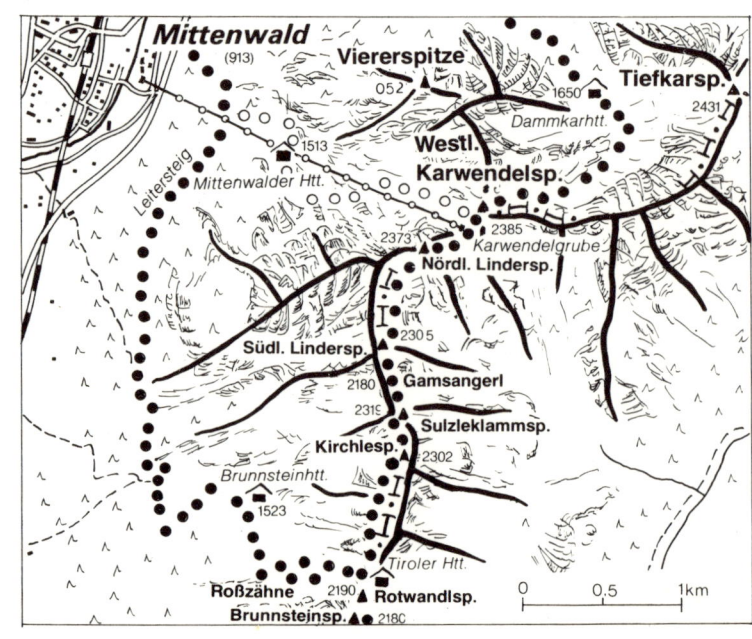

Karwendel

Unter Riesenwänden und auf Ahornböden

Das Karwendel gehört zu jenen Gebirgen, die mit einem unerforschlichen Zauber behaftet sind, dem man sich als Berg- und Naturfreund einfach nicht entziehen kann. Es umfaßt eine Fläche von nahezu 900 Quadratkilometer und breitet sich zwischen Seefelder Sattel im Westen und Achensee im Osten sowie zwischen Isar im Norden und Inntal im Süden überwiegend auf Tiroler Boden aus.

In diesem weitläufigen Gebirge sind vier langgestreckte, von Westen nach Osten teilweise parallel zueinander verlaufende Ketten zu erkennen. Ihre Reihenfolge von Süden: Inntalkette (auch Nordkette), Gleiersch-Halltal-Kette, Hinterau-Vomper-Kette (auch Hauptkamm), Nördliche Karwendel-Kette. Dazwischen sind die für das Gebirge so typischen Täler eingelagert, lange Furchen, deren Böden sanft ansteigen und die sich mancherorts in schaudererregende dunkle Winkel verästeln. Übrigens ist das Karwendelgebirge, wie auch sämtliche anderen Gruppen der Nördlichen Kalkalpen, aus Ablagerungen des sogenannten »Alten Mittelmeeres« entstanden; die aufbauenden Gesteine entstammen der Trias-, Jura- und Kreidezeit.

Infolge der ausgeprägten Kettenbildung weist das Gebirge fast nur Süd- und Nordwände auf, wobei letztere bei weitem in der Mehrzahl sind. Und eben diese Nordwände sind das hervorragende Charakteristikum dieser Gruppe: ihre außergewöhnlich hohen und steilen Nordabstürze in solcher Vielzahl sind für den gesamten nordalpinen Raum einzigartig.

Auf der Nordseite offenbart das Gebirge im besonderen Maße seine erhabene Pracht. Die »Eng«, das Spielissjoch mit der Falkenhütte oder die Ahornböden sind nicht nur Glanzpunkte des Karwendels, sondern der Alpen überhaupt. Die einzige ganzjährig bewohnte Siedlung im Gebirge ist Hinterriß, wo einst die Fugger ihr Erz schmolzen. Heute gehört der ganze Grund und Boden dem Herzog von Coburg. Über Hinterriß erfolgt die Zufahrt von Norden. Die Mautstraße schmiegt sich an den Rißbach. Auf ihm schießen an Frühsommerwochenenden bunte Boote durch blockige Engstellen. Endpunkt dieser Straße ist die »Eng«, der »allerschönste Flecken Erde«, wie viele schwärmen. Hoffentlich

bleibt dieser Talschluß noch lange in seinem derzeitigen Zustand erhalten. Es gibt nämlich ernstzunehmende Bestrebungen, die eine Autostraße aus der »Eng« über das Lamsenjoch nach Stans im Inntal vorsehen. Sollte dieser Plan verwirklicht werden, so wäre eines der letzten Paradiese der Alpen vollkommen zerstört . . .

Großer Ahornboden! Die Schönheit der Alpenwelt ist hier in einem engen Tal zusammengefaßt. Annähernd 1500 Bergahorne, die ältesten schon 400 Jahre alt, stehen auf einer Fläche von knapp 200 Hektar. Der Bergahorn (Acer pseudoplatanus) ist ein für das feuchte, kühlgemäßigte Nordalpen-Klima besonders charakteristischer Baum. Er wird auch Weißer oder Stumpfblättriger Ahorn genannt und kann ein Alter von 500 Jahren erreichen. Nur in wenigen Gegenden ist der Bergahorn in solcher Pracht ausgebildet wie auf den berühmten Ahornböden im Karwendel. Zur Erhaltung des Großen Ahornbodens wurde in den sechziger Jahren eine eigene Aktion gestartet, die seinen Weiterbestand sicherte. In diesem Rahmen konnten über 1000 Jungahorne gepflanzt werden. Jeder, der 50 Mark spendete, bekam sozusagen seinen eigenen Baum und wurde am Stamm mit einem Namensschildchen verewigt. Weiteren Pflanzungen wurde vom Grundeigentümer, der Agrargemeinschaft Engalm, nicht mehr zugestimmt, denn zu viele Bäume würden eine Beschneidung des Weidefutterangebotes bedeuten, da jeder Ahorn eingezäunt werden muß. Wer übrigens einen Baum gespendet hat und seinen Standort nicht mehr findet, kann im Gasthof »In der Eng« sowie in der Rasthütte Engalm Einsicht nehmen in Luftbilder mit Sektoren, aus denen der Standort in etwa zu ersehen ist.

Den nachhaltigsten Eindruck vermittelt die »Eng« im Herbst, wenn die Bergspitzen schon vom ersten Schnee bezuckert sind und auf dem Talboden das verfärbte Zackenlaub der uralten Ahorne leuchtet. Den hintersten Talschluß bildet das Halbrund gigantischer Wandabstürze zwischen Spritzkarspitze und Grubenkarspitze. Malerischer Vordergrund sind die braungebrannten Holzhütten der Engalm. Spätestens hier vergißt man, daß nur einen Steinwurf ent-

Die Lalidererspitze-Nordwand mit Falkenhütte.

Seite 48 Aussicht vom Mahnkopf auf das Hohljoch (links). Rechts davon »Grubenkarpfeiler«, Dreizinkenspitze und ein Teil der Laliderwand; unten die Hütten der Laliderralm.

fernt mit Autos vollgepfropfte Parkplätze die Schönheit des ursprünglichen Landschaftsbildes beeinträchtigen. Und ist man dann erst einmal oben im Hohljoch, von wo der kantenartige »Grubenkarpfeiler« hochschnellt und sich die unvergleichlichen Laliderwände zeigen, braucht man sich einer starken Gemütsregung nicht zu schämen. Eine ganz andere Welt tut sich auf als drunten auf dem lieblichen Ahornboden.

Für manchen, der vom Hohljoch zur Falkenhütte wandert, mag die Laliderermauer geradezu erdrückend wirken. Es ist eine der mächtigsten Felsbastionen im Alpenraum. Über grobem Geröll ragt sie bis zu 800 Meter empor — eine zu Stein gewordene Urwelt. Ein Schattenreich, unheimlich düster. Erst wenn man den Kopf weit in den Nacken legt, ist die Zackenreihe des Gipfelgrates zu sehen.

Von der *Falkenhütte* haben wir schon wieder etwas Distanz zur »Lali«, wie sie die Tiroler kurz nennen. Aber erst unten bei den Ladizalmen können wir uns endgültig dem Bann der Wände entziehen.

Der *Kleine Ahornboden* ist im Gegensatz zu seinem größeren Bruder noch nicht der »Erschließung« zum Opfer gefallen. Einige Jagdhütten stehen auf dem hochgelegenen Boden neben lichten Ahornbeständen mit dicht bemoosten Stämmen. Hier erinnert ein Denkmal an Hermann von Barth (1845—1876), einen maßgeblichen Erschließer des Karwendelgebirges, der am 21. August 1870 als erster Mensch den Gipfel der Laliderspitze erreichte.

Durch das Johannesbachtal wandern wir schließlich wieder hinaus zum Rißbach. Nach und nach verschwinden im Rückblick die letzten Hochgipfel. Untermalt vom Rauschen des Baches klingen die Eindrücke und Erlebnisse noch lange nach.

Touristische Angaben

Unschwierige Tageswanderung. Von der »Eng« nach Hinterriß etwa 5 bis 6 Stunden. Insgesamt zu bewältigende Steigung: etwa 750 Meter. Beste Jahreszeit: Anfang Juni bis Ende Oktober. Der breite Weg neben dem Johannesbach er-

reicht die Talstraße 1,5 Kilometer östlich des Gasthofes Alpenhof (Postbus-Haltestelle). Der schmalere Weg westlich des Baches führt, ohne die Talstraße zu berühren, nach Hinterriß.

Talort: *Hinterriß* (931 m), kleine Siedlung im Tal des Rißbaches im nördlichen Karwendel, 11 Kilometer (Mautstraße) von Vorderriß (B 307). Grenzübertritt bzw. österreichisches Zollamt. Übernachtungsmöglichkeit im Gasthof Post. Sehenswürdigkeiten: Jagdschloß des Herzogs von Coburg, dem der gesamte Grundbesitz gehört. Ehemaliges Franziskanerhospiz »Klösterl«.

Unterkünfte: *Gasthof »In der Eng«* (1218 m), auf dem Großen Ahornboden, 15 Kilometer von Hinterriß. Betten und Lager. Postbus-Verbindung ab Lenggries zwischen Mai und Oktober.

Falkenhütte (1850 m), Deutscher Alpenverein, oberhalb des Spielissjochs nördlich der Laliderspitze. Betten und Lager, Winterraum (DAV-Schlüssel). Von der »Eng« etwa zwei Stunden.

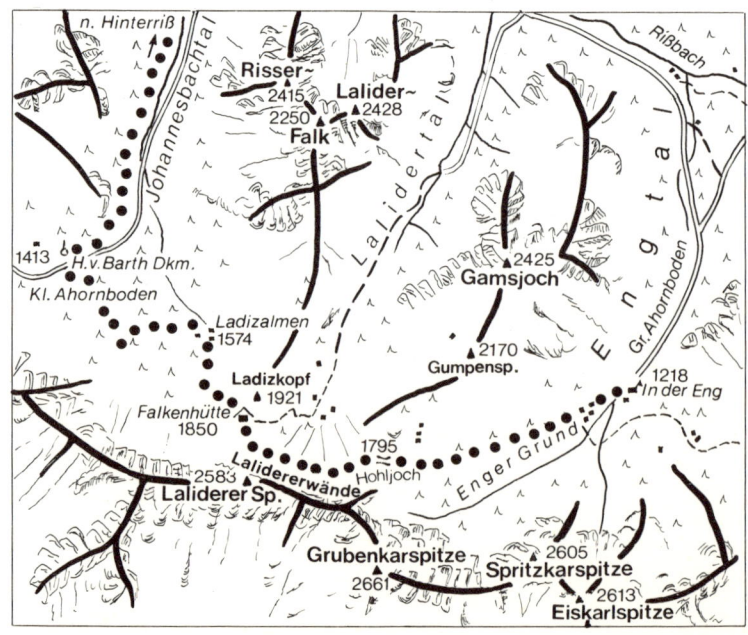

Karwendel

Innsbrucker Höhenweg

Die Südseite des Karwendels über dem Inntal und der »Alpengroßstadt« Innsbruck war schon immer ein vielgelobtes Wanderrevier, bevorzugt von den Tirolern, aber auch beliebt bei den Münchnern. Seit die Nordkettenbahn den Bergsteiger von Innsbruck in einer halben Stunde in eine Höhe von 2300 Meter zum Hafelekar befördert, sind die meisten Touren in den Bereich von Tagesausflügen gerückt.

Im Buch »Die schönsten Höhenwege der Ostalpen« ist bereits die mehrtägige Wanderung Solsteinhaus — Hafelekar — Pfeishütte — Hallerangerhaus — Scharnitz beschrieben. Jetzt soll der Innsbrucker Höhenweg vorgestellt werden, der das Hafelekar mit der Bettelwurfhütte fast durchwegs in über 2000 Meter verbindet, so daß nur geringe Höhenverluste in Kauf genommen werden müssen. Dieser Höhenweg erlaubt ein Wandern für alle Altersklassen. Über weite Strecken ist es eine glanzvolle Schaupromenade mit sich ständig wandelnden Fernblicken und starken landschaftlichen Gegensätzen beim Wechsel von der Südseite der Inntalkette auf ihre Nordseite; mancherorts öffnen sich bestürzend wilde Landschaftsbilder, der herbe Geruch von Latschen begleitet uns, und sobald wir dem Seilbahnbereich entflohen sind, umgibt uns Einsamkeit.

Die *Bergstation Hafelekar*, schon vom Tal aus zu sehen, steht auf der Kammhöhe der Nordkette, nicht weit entfernt von einer Station der Wetterwarte Innsbruck. Zum Gipfel der 2334 Meter hohen Hafelekarspitze sind es nur 10 Minuten.

Die Wanderung läuft gemütlich an. Den Auftakt bildet der *Goetheweg* in Richtung Pfeishütte. In südlicher Richtung genießen wir die herrlichen Blicke zu den Eisweiten der Zillertaler und Stubaier Alpen, bis hin zu Venediger und Glockner, zu den Ötztalern und in die Silvretta. Die Route traversiert die Südhänge der Hafelekarspitze, der Gleierschköpfe und der Gleierschspitze etwa ½ Stunde lang, worauf nach kurzem Anstieg die *Mühlkarscharte* bei der Grathöhe östlich der Gleierschspitze betreten wird.

Wir wechseln auf die Nordseite. Neue Eindrücke bieten die kulissenartig stehenden Karwendelketten, weit unten das

stille Gleierschtal und in der Ferne das bayerische Alpenvorland. Nach insgesamt 1 Stunde erreichen wir, zuletzt in Kehren, die *Mannlscharte* (2277 m). Von hier sehen wir den Geröllpfad, der die Nordseite der Rumerspitze quert. Das ist unser Weg. Wir steigen nämlich nicht zur Pfeishütte ab — es wäre ein Umweg! —, sondern wandern von der *Arzler Scharte* (2158 m) unter der Rumerspitze, der östlichsten ausgeprägten Erhebung der Inntalkette, nahezu eben dahin, wobei man sich in der Nordseite weglos schwach rechts hält (in Richtung Kreuzjöchl) und schließlich auf den Weg stößt, der uns hinaufleitet ins *Stempeljoch* (2215 m). Spätestens hier, etwa 2 Stunden vom Hafelekar, ist die erste Rast fällig.

Früher quälten sich Tragtiere über das Joch, schwer beladen mit Grubenholz (»Stempeln«), das aus dem Scharnitzer Wald kam und für das Salzbergwerk im Halltal bestimmt war. Am schmalen Durchbruch des Jochs ist eine Gedenktafel angebracht für Julius Pock, einen erfolgreichen Alpinisten vor der Jahrhundertwende.

Auf der Ostseite wird abgestiegen. Etwa 150 Meter: zunächst durch eine plattige Rinne, dann im Zickzack durch Geröllreisen zum *Wilde-Bande-Steig*, einem Teilstück des Innsbrucker Höhenwegs. Vorerst müssen keine Höhenverluste mehr hingenommen werden. Aber aufpassen beim Queren der steilen Hartschneekegel in den zerklüfteten Karen der Stempeljochspitze, des Roßkopfes, der Bachofenspitze und des Lafatschers! In manchen Jahren liegt hier noch mitten im Sommer Schnee. Langsam bereiten wir uns auf den Anstieg ins Lafatscher Joch vor. Die Kehren sind schon seit einiger Zeit einsehbar. Von rechts kommt ein Almweg aus dem Halltal hoch. Und schon ½ Stunde später sind wir im breiten *Lafatscher Joch* (2085 m), einem Übergang zwischen Halltal und Hinterautal. Wer bis hierher nicht länger als 3 Stunden gebraucht hat, kann mit seiner Leistung zufrieden sein.

Auf dem restlichen Stück des Höhenwegs zur Bettelwurfhütte, für das man mit 1¼ Stunden rechnen muß, sind mit Ausnahme der ersten 10 Minuten keine spürbaren Steigungen mehr zu befürchten. Etwas später zweigt links der Normalweg zur Speckkarspitze (2621 m) ab. Lohnender wäre aber — doch das ist eine Frage der Zeit — der *Große Bettelwurf* (2726 m) von der Bettelwurfhütte über den »Eisengattergrat«, einen teilweise drahtseilgesicherten Steig von knapp 2 Stunden.

Der Ausblick von der *Bettelwurfhütte* übertrifft an Schönheit die Schau von so manchem Gipfel: Tief zu unseren Füßen liegt schweigend das waldbestandene Halltal. Es gab aber schon Zeiten, da herrschte im Tal geschäftiges Treiben. Bis 1968 hatte man im Talhintergrund 800 Jahre lang Salz gewonnen. Initiatoren waren die Landesfürsten von Görz und Tirol. Eine hölzerne Soleleitung führte hinaus in das 10 Kilometer entfernte Hall. Heute sind Grube und Sudwerk zur Besichtigung freigegeben. Die Führung beginnt mit dem 1492 angeschlagenen Königsberg-Stollen bei den Herrenhäusern, den vormaligen Verwaltungsgebäuden.

Der Abstieg ist nicht gerade ein Vergnügen, denn er geht ausgesprochen in die Füße. Ein Stück, das »Klamml«, ist sogar mit Seilen gesichert. Aber nach 2 Stunden müßte man es geschafft haben. Die ebene Salzbergstraße wird geradezu als Wohltat empfunden. Rechts ginge es in 20 Minuten nach St. Magdalena, im 15. Jahrhundert ein kleines Frauenkloster, nun ein Alpengasthof. Wir schlendern aber talauswärts, am *Bettelwurfbründl* vorüber in ¼ Stunde zur bekannten *Bergkapelle*.

Links über den Bach und auf schattigem Waldweg über das *Maximilianbründl* zum *Gasthaus Walderbrücke*, wo wir auf den nächsten Bus warten. Wem die Zeit bis dahin zu lang erscheint oder wer schon zu spät dran ist, dem zeigt eine Tafel neben dem Parkplatz das letzte Stück nach Solbad Hall.

Touristische Angaben

Tagestour für Trittsichere und Schwindelfreie; teilweise gesicherte Strecken. Effektive Gehzeit Hafelekar — Solbad Hall: 7 bis 8 Stunden. Insgesamt zu bewältigende Steigung: etwa 450 Meter. Günstigste Jahreszeit: Anfang Juli bis Ende September. Der letzte Bus ab Gasthaus Walderbrücke fährt um 18.27 Uhr.

Talorte: Innsbruck (577 m), Landeshauptstadt von Tirol im Inntal, 151 Kilometer von München. Gute Bahn- und Busverbindungen in alle Richtungen. Hotels, Gasthöfe, Pensionen, Jugendherberge, Zeltplatz. Sehenswürdigkeiten: Hofburg, Stadtpfarrkirche St. Jakob, Goldenes Dachl, Kaiserjäger-Ehrengrab mit Regimentsmuseum, Schloß Ambras, Alpenzoo.

Solbad Hall (574 m), im Kern malerisches Städtchen, 9 Kilometer östlich von Innsbruck. Eisenbahn- und Straßenbahnverbindung (Straßenbahnhaltestelle auf dem Unteren Stadtplatz) mit Innsbruck. Hotels, Gasthöfe, Pensionen. Sehenswürdigkeiten: Pfarrkirche St. Nikolaus (gotisch), Altes Rathaus (einst landesfürstliche Burg), Münzerturm, Bergbaumuseum.

Unterkünfte: Bettelwurfhütte (2077 m), Österreichischer Alpenverein, in schöner Hanglage südwestlich des Bettelwurfs. Betten und Matratzenlager. Bewirtschaftet von Mitte Juni bis Anfang Oktober. Vom Hafelekar etwa 4½ Stunden.

Pfeishütte (1902 m), Österreichischer Alpenverein, etwas abseits des Innsbrucker Höhenwegs, nördlich der Arzler Scharte. Betten und Lager. Vom Hafelekar etwa 2 Stunden.

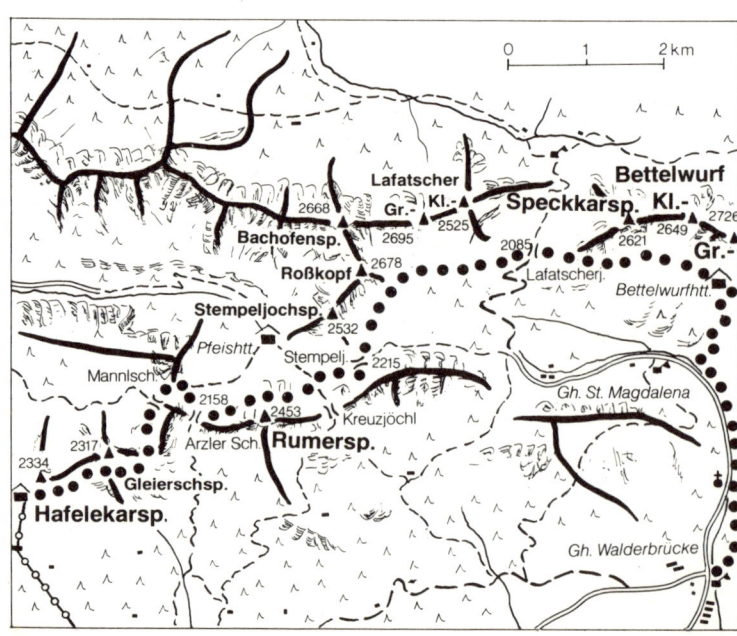

Tuxer Voralpen

Zirbenweg

Die Tuxer Voralpen sind nur wenigen Bergsteigern sofort ein Begriff. Erst wer die Namen Patscherkofel oder Glungezer hört, horcht auf. Denn das sind Innsbrucker Hausberge mit berühmten Skiabfahrten, nicht viel mehr als 2 Autostunden von München entfernt. Neben dem Pistenvergnügen im Winter hat dieser Teil der Tuxer Voralpen auch im Sommer etwas zu bieten: den Zirbenweg, einen forstlichen Hochlagen-Lehrpfad, gute 1000 Meter über den Dächern von Innsbruck im größten und schönsten Zirbenbestand der Ostalpen — lebendige Alpenkunde entlang der Baumgrenze in etwa 2000 Meter Höhe.

Wie ihr Name schon sagt, sind die Tuxer Voralpen den Hochalpen, und zwar den Zillertaler Alpen, vorgelagert. Sie erstrecken sich zwischen der Brenner-Autobahn im Westen und dem Zillertal im Osten. Ihre durchschnittlichen Gipfelhöhen liegen zwischen 400 und 600 Meter unter denen der Zillertaler.

Einem breiteren Kreis über Tirol hinaus sind diese Berge nach dem Bau der Patscherkofelbahn (1928) bekannt geworden; auf dem Patscherkofel stand schon 1885 ein Schutzhaus. Aber erst die Zeit nach 1945 brachte den großen Aufschwung. Der Tourismus setzte ein, blieb jedoch in Grenzen, das heißt, er beschränkte sich auf die Seilbahnnähe.

Der *Zirbenweg* bedarf keiner Wegebeschreibung im üblichen Sinn, weil sein Verlauf klar vorgeschrieben ist und die Wanderung nur rund 2½ Stunden dauert. Ein Spaziergang mit unwesentlichen Steigungen, ideal für ältere Menschen, aber auch für Schul- und Betriebsausflüge. Am schönsten ist der Weg im Herbst während der Laubfärbung.

Seit seiner Eröffnung im September 1971 hat der Hochlagen-Lehrpfad unzählige Freunde gewonnen. Darunter sind sogar gestandene Hochalpinisten, die sich auf dem Zirbenweg zum ersten Mal in ihrem Leben auf eine ganz besondere Art und Weise mit dem Berg »auseinandergesetzt« haben — hauptsächlich mit dem Problem der Wiederaufforstung und allen damit zusammenhängenden Notwendigkeiten.

Wir beginnen mit der Tour bei der Bergstation der *Patscherkofelbahn* (sie kann aber auch von der Tulfeinalm gemacht werden). Insgesamt 44 Informationstafeln, zum Teil mit grafischer Gestaltung, sind unsere Begleiter. Zunächst einige Minuten ansteigen, dann fast eben über den Grünbichl zum *Berggasthof Boscheben* (Betten und Matratzenlager). Etwa ¼ Stunde danach verlassen wir den Glungezer Weg westlich der Viggarspitze links. Nun in der Nordflanke des Glungezers immer in etwa 2050 Meter bei den obersten Zirbengruppen durch Zwergstrauchheiden, Blockhalden und vereinzelte Latschenbestände. Wir treffen auf einen ungeahnt reichen Bestand an Zirbelkiefern, die bis zu 20 Meter hoch werden. Es sind stattliche Gewächse, die ältesten unter ihnen sind über 250 Jahre alt.

Einbezogen in die allgemeinen Erläuterungen auf den Informationstafeln werden auch die wichtigsten in dieser Gegend vorkommenden Wildarten: Gemse, Hirsch, Reh und Murmeltier. Ihr Verhalten zur Umwelt wird ebenso erklärt wie die dabei unausbleiblichen Probleme. Wer Glück hat, kann Tannenhäher sehen, gut zu erkennen an der weißen Schwanzbinde im braungrauen Federkleid. Über ihre Lebensweise gibt eine eigene Tafel Bescheid.

Die Region um den Zirbenweg ist jedoch wahrlich keine heile Gebirgswelt mehr! Verantwortungslos wurde im Lauf der letzten Jahrhunderte die Waldgrenze um 200 bis 400 Meter herabgedrückt. Dieser Rückgang des Waldes bedeutete zugleich Schwächung des wirkungsvollsten natürlichen Umweltregulators zur Sicherheit menschlicher Lebensräume. Wald ist lebensnotwendig schlechthin: Er dient nicht nur der Wirtschaft (Holzverarbeitung), sondern entschärft im Gebirge auch die Gefahren von Lawinen, Muren, Wildbächen und Erdrutschen. Als Staubfilter, Lufterneuerer, Schallschutz und vor allem als bester biologischer Trinkwasserreiniger greift er ordnend in die von Schmutz und Verseuchung bedrohte Umwelt ein. Die notwendigen Hochlagen-Aufforstungen gelingen heute aber oft nur mehr mit kostspieligen Verbauungen, da die jungen Forstpflanzen einer Reihe von gefahrbringenden Bedingungen ausgesetzt sind: kurzen Vegetationsperioden, starken Temperaturunterschieden, lang andauernden, hohen Schneedecken, Stürmen, schlechten Nährstoffverhältnissen, pflanzlichen und tieri-

Am Zirbenweg. Im Hintergrund die Zillertaler Alpen.

Seite 58   Rückblick vom Zirbenweg. Rechts oben kann man noch die Sendeanlage am Patscherkofel erkennen.

schen Schädlingen. Mit all diesen Problemen muß sich ein verantwortungsbewußter Naturfreund meiner Meinung nach einmal auseinandersetzen. Und nirgendwo ist dazu bessere Gelegenheit als an Ort und Stelle: an unserem Beispiel, auf dem Zirbenweg.

Zu unseren Füßen liegt das dichtbesiedelte Inntal, und gegenüber erhebt sich die Nordkette des Karwendels. Dieser Blick allein rechtfertigt schon eine Begehung des Höhenwegs! Wir erhalten aber auch noch Anschauungsunterricht über *Lawinenverbauung.* Fünf derartige Objekte stehen am Lehrpfad. Das größte, ein Schneestützwerk, hält einer Belastung von 46 Tonnen stand. Zwei verschiedene Schneezäune, eine Schneedüse und eine Gleitschutzbrücke, alle in extremer Lage, sind die restlichen Schutzbauten, deren Funktionen erläutert werden. In diesem Zusammenhang sollte man erwähnen, daß diese stählernen Lawinenschutzbauten bis zu 95 Prozent teurer sind, als es die Aufforstung lawinengefährdeter Hänge wäre, ganz abgesehen von den übrigen Vorteilen eines wiederhergestellten biologischen Gleichgewichts in der Natur.

Über vieles belehrt, erreichen wir die *Tulfeinalm* (2035 m), einen Berggasthof 5 Minuten von der Liftstation. Das Wissen von den Gefahren, denen unsere natürliche Umwelt andauernd ausgesetzt ist, hat einen Entschluß in uns wach werden lassen: Wir müssen selbst etwas tun! Das ist zwar nur in beschränktem Rahmen möglich. Aber wenn hier jeder Bergsteiger aktiv wäre, zum Beispiel die Wege, Rastplätze, Gipfel sauberhalten würde, hätten wir schon einen Teilsieg errungen im Kampf für eine natürliche Umwelt.

Touristische Angaben

Unschwieriger Höhenspaziergang; etwa 2½ bis 2¾ Stunden. Insgesamt zu bewältigende Steigung: etwa 150 Meter. Günstigste Jahreszeit: Anfang Juli bis Ende September. Letzte Fahrt der Sessellifte nach Tulfes an Samstagen, Sonn- und Feiertagen um 17 Uhr, an Werktagen um 16 Uhr. Von Innsbruck/Hauptbahnhof fährt der Bus »J« direkt zur Talstation der Patscherkofelbahn.

Talorte: *Innsbruck* (577 m), Landeshauptstadt von Tirol im Inntal, 151 Kilometer von München. Gute Bahn- und Busverbindungen in sämtliche Richtungen. Hotels, Gasthöfe, Pensionen, Jugendherberge, Zeltplatz. Sehenswürdigkeiten: Hofburg, Stadtpfarrkirche St. Jakob, Jesuitenkirche (frühester Barockbau Österreichs), Goldenes Dachl, Schloß Ambras, Alpenzoo.

Tulfes (923 m), Fremdenverkehrsort in Mittelgebirgslage, 6 Kilometer von der Inntal-Autobahn (Ausfahrt Tulfes—Hall). Gasthäuser, Pensionen.

Sessellifte zur Tulfeinalm. Busverbindungen mit Igls und Innsbruck.

Igls (870 m), Fremdenverkehrsort am Fuß des Patscherkofels, 10 Autominuten von Innsbruck, 6 Kilometer von der Inntal-Autobahn (Ausfahrt Innsbruck-Ost). Hotels, Gasthöfe, Pensionen. Seilbahn auf den Patscherkofel. Lokalbahn von Innsbruck. Busverbindungen mit Tulfes.

Unterkunft: *Patscherkofel-Berghotel* (1964 m), bei der Bergstation der Patscherkofelbahn. Betten, Matratzenlager. Ganzjährig bewirtschaftet.

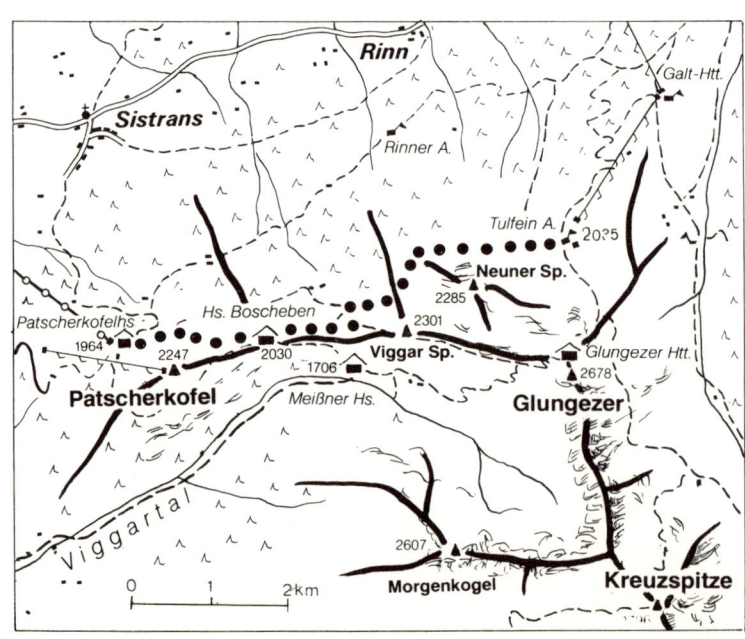

56

Kalkkögel

In den Nordtiroler Dolomiten

Bei der Auffahrt von Innsbruck in Richtung Brennerpaß fällt halbrechts im Vorblick die mächtige Gestalt der Nockspitze, auch Saile genannt, auf. Es ist der nördlichste Gipfelstock der Kalkkögel, einer Untergruppe der Stubaier Alpen zwischen der Sill, dem Stubaital, den Sellrainer Bergen und dem Inntal.

Die Kalkkögel sind ein reines Felsgebirge, geologische Sonderlinge in einem Gebiet aus Urgestein. Dieses kleine, in sich geschlossene Felsreich ist seit der Jahrhundertwende ein Tummelplatz der Innsbrucker Kletterer: Hias Auckenthaler, Hias Rebitsch, Kuno Rainer, Hermann Buhl haben sich dort ihre ersten Sporen in der Senkrechten geholt. Die Routen zählen zum Teil mit zum Schwierigsten im Tiroler Kalk. Der Fels ist nicht überall zuverlässig. Infolge der starken Verwitterung sind zahlreiche Gipfel des Kamms nur noch durch ihre gewachsene Basis verbunden; zwischen den Bergen liegen tiefe Scharten, die breite Geröllströme entsenden. Man würde den Kalkkögeln Unrecht tun, sie nur als Kletterdorado anzupreisen. Auch das Wandern wird großgeschrieben, das Wandern zu Hütten, über Scharten und auf Höhenwegen. Darüber hinaus kann ein Großteil der Berge verhältnismäßig unschwierig erstiegen werden, neben anderen auch der höchste Kalkkögelgipfel, die Schlicker Seespitze (2804 m), als Abstecher unserer Höhentour, auf der wir beide Seiten des Gebirges kennenlernen.

Der eigentliche Ausgangspunkt für die Wanderung ist das *Sennesjöchl*, 2259 Meter hoch gelegen, ein flacher Gratsattel nordöstlich des Kleinen Burgstalls. Der Aufstieg von *Fulpmes* wird durch Lifte erheblich erleichtert. Nach *Frohneben* mit einem Berggasthof der Stadt Innsbruck (auch Übernachtung) müssen Sie in jedem Fall. Von dort entweder mäßig bergan in 1 Stunde zur großartig gelegenen *Schlicker Alm*, die durch einen Sessellift mit dem Sennesjöchl verbunden ist, oder von Frohneben mit Doppelsesseln zum *Kreuzjoch*, von dem man noch 40 Minuten steil ansteigen muß ins Sennesjöchl.

Vom Sennesjöchl (Sessellift-Bergstation) führt ein gut ausgebauter Steig zur grasigen Erhebung des *Kleinen Burgstalls* (2436 m) und von dort hinüber zum stumpfen Felskegel des *Hohen Burgstalls* (2611 m), dem Hausberg der Starkenburger Hütte, dessen Gipfelkreuz wir 1¼ Stunden nach dem Sennesjöchl erreichen.

Knapp ½ Stunde später sind wir unten im *Schlicker Schartl* (2547 m), wo ein Weg direkt von der Schlicker Alm hochkommt. Nun im großen und ganzen eben dahin durch grobes Geröll in nordwestlicher Richtung. Rechts oben die grotesken Felsfiguren der Schlicker Manndln, denen sich links die Schlicker Seespitze anschließt. In ½ Stunde gelangen wir in den breiten Gratsattel des *Seejöchls* (2518 m) und genießen herrliche Ausblicke nach Südwesten auf die Gipfelwelt um den Alpeiner Ferner.

Der übliche Anstieg zur *Schlicker Seespitze* führt vom Jöchl hinaus in die Westflanke des Berges, in welcher der endgültige Aufstieg erfolgt; stellenweise I+; vom Jöchl etwa ¾ Stunden.

Weg Nummer 116 bringt uns im Geröll abwärts. Blicke in die dunkle Riepenwand! Die Routen in den West- und Nordwestabstürzen sind fast ausschließlich extrem schwierig. Wer unbedingt zur *Adolf-Pichler-Hütte* will: Es geht über die Wiesen geradeaus. Ansonsten queren wir im Geröll weglos in nördlicher Richtung zum Steig, der sich von der Hütte emporwindet zur Alpenklubscharte. So weit müssen wir allerdings nicht aufsteigen! Unsere Höhenwanderung biegt in etwa 2200 Meter Höhe links in den *Hochtennbodensteig* ein. Rechts reihen sich die Gipfel der Kalkkögel: Steingrubenkogel, Schlicker Türme, Steingrubenwand, Schlicker Zinnen, Hochtennspitze. Bei der Wegteilung halten wir uns rechts und wandern gemütlich über den *Hochtennboden* zum *Widdersbergsattel* (2262 m); von der Adolf-Pichler-Hütte etwa 2 Stunden.

Hinab geht es dann ins *Lizumer Kar*, über dem das dunkle Gewänd der Marchreisenspitze aufsteigt. Nach dem *Schneiderboden* schlängelt sich der Weg (Nr. 111) durch Legföhren abwärts in den breiten Jochsattel des *Halsls* (1998 m). Rund 400 Höhenmeter, etwa 1 Stunde Aufstieg auf weiß-rot bezeichnetem Weg, sind es bis zum Kreuz auf der Nockspitze: die letzte größere Anstrengung! Als Belohnung hält die *Nockspitze* (2103 m) Tiefblicke und eine Weitsicht ohnegleichen bereit.

Vom Gipfel zunächst auf den Kamm, der zum Spitzmanndl zieht, dann links in die Nordostflanke und weiter abwärts auf gutem Weg streckenweise steil und felsig, zum Kreuz auf der *Pfriemeswand* (2103 m). Der Steig ist zusätzlich gelb markiert. Er senkt sich im Zickzack durch Schrofengelände und bringt uns schließlich zum Sessellift auf dem *Pfriemesköpfl* (1802 m). Unten, bei der *Mutterer Alm*, warten schon die Gondeln der Bahn nach *Mutters* beziehungsweise zur Stubaitalbahn-Bedarfshaltestelle Nockhof.

Touristische Angaben

Wanderung im alpinen Gelände, die am besten auf 1½ Tage verteilt wird. Effektive Gehzeit (Sennesjöchl—Pfriemesköpfl): 9 bis 10 Stunden. Insgesamt zu bewältigende Steigung: etwa 1100 Meter. Günstigste Jahreszeit: Anfang Juli bis Ende September. Die Stubaitalbahn verkehrt zwischen Nockhof und Fulpmes (zwischen 13 und 20 Uhr) fast stündlich.

Die Wanderung kann erheblich verkürzt werden, wenn man beispielsweise von der Adolf-Pichler-Hütte über die Alpenklubscharte zur Schlicker Alm zurückkehrt. Vom Halsl ist ein direkter Abstieg ins Stubaital nach Fulpmes möglich.

Talorte: *Fulpmes* (935 m), Hauptort des Stubaitals, Endstation der Stubaitalbahn (von Innsbruck). Ausfahrt der Brenner-Autobahn ist »Schönberg-Stubaital«. Hotels, Gasthöfe, Pensionen, Zeltplatz. Gute Busverbindungen. Sehenswürdigkeiten: Am Hauptplatz malerische Häuser, teilweise mit barocken Fassadenfresken. Pfarrkirche St. Vitus (Rokoko-Stukkaturen).

Mutters (830 m), Fremdenverkehrsort, Haltestelle der Stubaitalbahn (Innsbruck—Fulpmes), 7 Kilometer von Innsbruck. Hotels, Gasthöfe, Pensionen. Gute Busverbindungen. Sehenswürdigkeiten: dreieckiger Dorfplatz (einer der schönsten in ganz Tirol!) Pfarrkirche St. Nikolaus (außen spätgotisch, Innenraum 1759 barockisiert).

Unterkünfte: *Schlicker Alm* (1643 m), privates Berggasthaus

auf der Ostseite der Kalkkögel. Betten und Matratzenlager. Ganzjährig bewirtschaftet. Von der Bergstation des Frohneben-Sessselliftes 1 Stunde.

Adolf-Pichler-Hütte (1960 m), Österreichischer Alpenverein, auf der Westseite der Kalkkögel. Betten und Matratzenlager. Bewirtschaftet von Anfang Juni bis Anfang November. Vom Sennesjöchl etwa 4 Stunden.

Mutterer Alm (1611 m), privater Berggasthof an der Basis des Pfriemesköpfl. Betten. Ganzjährig bewirtschaftet. Gondelbahn von Mutters (Talstation 5 Minuten oberhalb der Haltestelle Nockhof der Stubaitalbahn). Von der Adolf-Pichler-Hütte etwa 6 Stunden.

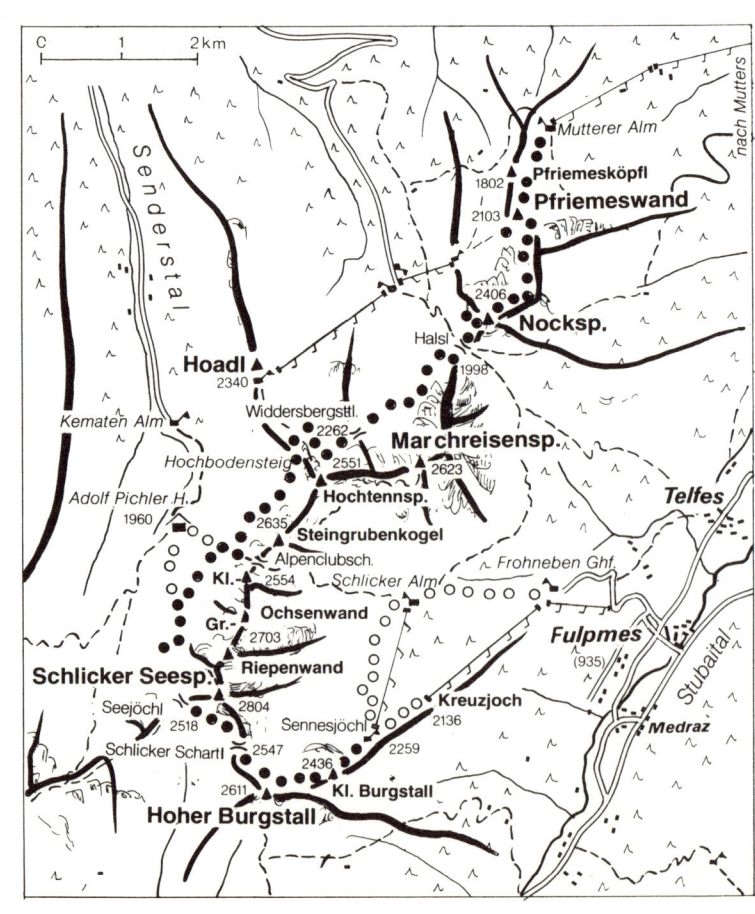

Kleiner Bergsee westlich der Dresdner Hütte am Egesengrat.
Der Blick geht zur Schaufelspitze, die verhältnismäßig wenig
schwierig erstiegen werden kann.

Stubaier Alpen

Höhenweg vor Gletscherfeldern

Das Gebiet der Stubaier Alpen umfaßt die Berge südlich des Inntals zwischen Innsbruck, dem Brenner und der Mündung der Ötztaler Ache sowie der italienischen Grenze. Das Gebirge heißt nach dem gleichnamigen Tal, das auf eine Länge von 35 Kilometer in die Berge eingelagert ist. Dorthin verkehrt von Innsbruck ein gemütliches Bähnlein; als Ausfahrt der Brenner-Autobahn kommt »Schönberg-Stubaital« (16 km von Innsbruck) in Frage. Fulpmes und Neustift sind die Hauptorte im Tal, uralte Ansiedlungen der Rätoromanen und der Bayern.

Uns interessiert jener Teil der Stubaier Alpen, der sich über dem hintersten Stubai- und Gschnitztal zu eisigen Höhen aufschwingt. Den Gletschern vorgelagert ist eine Reihe von Alpenvereinshütten, jede von der anderen nur zwischen 2 und 3 Stunden entfernt, die geradezu zu einer Hüttenwanderung, ausschließlich in 2000 Meter Höhe, einladen; die Übergänge zu den Hütten reichen nahe an die 3000-Meter-Grenze heran.

Doch eine Wanderung in diesen Höhen ist wahrlich kein Hüttenbummel! Ausrüstung und Bekleidung sind den Erfordernissen anzupassen. Jeder Wettersturz kann im Hochgebirge neben spürbaren Temperaturunterschieden auch Neuschnee zur Folge haben.

Eines unterscheidet den folgenden Höhenweg vor den Stubaier Gletscherfeldern von anderen, ähnlichen Touren. Von den Hütten kann jeweils direkt ins Tal abgestiegen werden: von der Sulzenau- und Nürnberger Hütte in ein bis zwei Stunden ins Stubaital, wo sich Bushaltestellen befinden, so daß eintönige »Straßenhatscher« entfallen; von der Bremer Hütte ins Gschnitztal. Und wer erst einmal die Innsbrucker Hütte erreicht hat, für den ist der Abstieg durch das Pinnistal nach Neustift nur noch Routinesache. Für einen Tagesausflug von München ist der Übergang Dresdner Hütte—Sulzenauhütte gerade das richtige. Übers Wochenende lohnt sich der Weiterweg zur Nürnberger Hütte. Und wer noch mehr sehen und erleben möchte, dem kann — gleichzeitig auch als Verlängerung der im Buch »Die schönsten Höhenwege der Ostalpen« beschriebenen Wanderung — die Überschreitung des Simmingjöchls zur Bremer Hütte und der an-

schließende Höhenpfad zur Innsbrucker Hütte besonders empfohlen werden.

Durch den Bau der Stubaier Gletscherbahn ist vieles anders geworden. Die *Dresdner Hütte* und ihre nähere Umgebung gleichen heute einem Rummelplatz. Selbst oben, im ewigen Eis, unter der Schaufelspitze und auf dem Fernauferner, tummeln sich »Halbschuhtouristen«. Aber es gibt auch in diesem Bereich der Stubaier noch wirklich ursprüngliche Winkel. Wenn man sich beispielsweise von der Dresdner Hütte nur eine Viertelstunde entfernt, hört und sieht man vom Massentourismus nicht mehr allzuviel.

Von der Dresdner Hütte führt Weg Nummer 102 zum Oberen Fernauboden und durch ein enges Schuttkar hinauf ins *Peiljoch* (2676 m). Hier liegt im Süden eines der repräsentativen Gletscherreviere der Stubaier Alpen: Sulzenauferner und Fernaustube, weit oben das Zuckerhütl und der Wilde Pfaff. Eisige Ruhe liegt über dieser Landschaft. Übrigens befinden sich die Alpengletscher seit 1977 wieder im Vormarsch: In den Stubaiern sind sie teilweise bis zu 40 Meter angewachsen.

Im Abstieg kommen wir an der Zunge des Sulzenauferners vorbei zum Sulzenauboden, auf dem die alte, im April 1975 von Lawinen zerstörte »Sulzenau« stand. Von der neuen *Sulzenauhütte* leitet uns der Alpenvereinssteig 102 über das »Niederl«, unter dem eine Felsrinne mit Drahtseilen gesichert ist, in 2½ Stunden zur *Nürnberger Hütte.*

Der Weiterweg ist etwa 10 Minuten gleichlaufend mit dem Weg zum Wilden Freiger. Dann zeigt eine Tafel links zur Bremer Hütte. Aufstieg ins *Simmingjöchl* (2764 m) mit herrlichen Blicken auf den Wilden Freiger. Auf der Ostseite hinunter zu dem von Gletschern glattgeschliffenen Felsrücken, auf dem die *Bremer Hütte* steht. Im Süden glänzt jetzt der Simmingerferner, über dem die Gipfel von Schneespitze und Feuersteinen aufragen; im Norden erkennt man den langen Grat zum Habicht und weit draußen die Siedlungen im Gschnitztal.

Der Höhenweg zur Innsbrucker Hütte, als AV-Steig 124 beschildert, nimmt zwischen 6 und 7 Stunden in Anspruch und ist im Alpenvereinsführer genau beschrieben. Exponierte

In den Stubaiern: Stubaier Wildspitz und Östlicher Daunkogel; aufgenommen vom Gipfel des Egesengrats über der Dresdner Hütte.

Seite 68   Ausklang des Höhenwegs in den Stubaier Alpen im reizenden Pinnistal. Links ein Teil des Serleskamms.

Passagen sind mit Drahtseilen versehen. Auf- und absteigend müssen rund 700 Höhenmeter geschafft werden. In den Karen bleibt der Schnee bis weit nach Sonnenwende liegen; am besten sind die Verhältnisse im Hochsommer.

Nach der *Innsbrucker Hütte* geht es dann nur noch abwärts, außer man besteigt auch noch den Habicht (3277 m), einen der leichtesten Ostalpen-Dreitausender (siehe Trenker/Dumler, Die schönsten Berge der Alpen).

Der Weg durch das *Pinnistal* bringt einen beschaulichen Ausklang der Tour. Rechter Hand erstreckt sich der Serleskamm, links erfüllt der Habicht das Blickfeld. Ab der *Pinnisalm*, einer Jausenstation, verkehren Kleinbusse mit *Neustift*, wohin es zu Fuß über den Berggasthof Herzeben noch etwas mehr als 1¼ Stunde ist.

Touristische Angaben

Hochgebirgswanderung für trittsichere Alpinisten. Effektive Gehzeit (Dresdner Hütte—Neustift): etwa 18 Stunden. Übernachtung am besten in der Bremer Hütte und in der Innsbrucker Hütte. Insgesamt zu bewältigende Steigungen: etwa 1800 Meter. Günstigste Jahreszeit: Hochsommer. Eisausrüstung (Pickel, Steigeisen etc.) ist für die Wanderung selbst nicht notwendig.

Talort: *Neustift* (993 m), letzter größerer Ort im Stubaital, 7,5 Kilometer von Fulpmes (Busverbindungen). Parkplätze und Bushaltestelle an der Durchgangsstraße unterhalb der Kirche. Hotels, Gasthöfe, Pensionen. Sehenswürdigkeit: Neue Pfarrkirche St. Georg (1774 erbaut, eine der größten sogenannten Hallenkirchen Tirols); auf dem alten Friedhof das Grab von Pfarrer Franz Senn, einem Mitbegründer des Alpenvereins.

Unterkünfte: *Mutterbergalm* (1721 m), Hotel-Restaurant am Ende der Fahrstraße (kurz vor der Seilbahn-Talstation) im hintersten Stubaital. Regelmäßige Busverbindungen mit Fulpmes—Neustift. Betten. Ganzjährig geöffnet.

Dresdner Hütte (2302 m), Deutscher Alpenverein, im obersten Fernautal. Betten und Lager. Etwa 200 Meter unterhalb der Hütte die Mittelstation der Stubaier Gletscherbahn (Tal-

station bei der Mutterbergalm). Zu Fuß von der Mutterbergalm 2 Stunden.

Sulzenauhütte (2191 m), Deutscher Alpenverein, nordöstlich des Sulzenauferners. Betten, Lager. Bewirtschaftet von Mitte Juni bis Ende September. Von der Dresdner Hütte 2½ Stunden. Von der Talstraße (Grawaalm, Bushaltestelle) etwa 2 Stunden.

Nürnberger Hütte (2297 m), Deutscher Alpenverein, im obersten Langental. Betten und Matratzenlager. Bewirtschaftet von Mitte Juni bis Mitte September. Von der Sulzenauhütte etwa 3 Stunden. Von der Talstraße (Bushaltestelle) etwa 2½ Stunden.

Bremer Hütte (2413 m), Deutscher Alpenverein, über dem hintersten Gschnitztal. Betten und Matratzenlager. Bewirtschaftet von Anfang Juli bis Mitte September. Von der Nürnberger Hütte 3 Stunden.

Innsbrucker Hütte (2369 m), Österreichischer Touristenklub, östlich des Habichts. Betten, Lager. Bewirtschaftet von Mitte Juni bis Mitte September. Von der Bremer Hütte etwa 6½ Stunden.

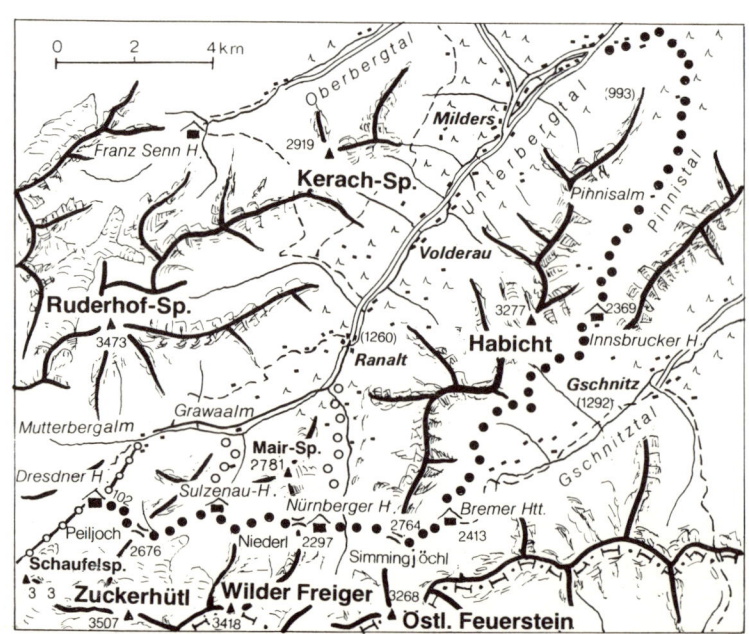

*Durch das Längental geht es hinaus zur Längentalalm.
Im Hintergrund die Probstenwand.*

*Seite 69   Am Stangeneck auf dem Höhenweg vom Brauneck
zur Benediktenwand.*

Brauneck—Benediktenwand

Münchner Hausberge

Brauneck und Benediktenwand sind Münchner Hausberge, und zwar seit Generationen. Sie stellen einen langgestreckten Kamm dar zwischen Lenggries im Isartal und dem Kochelsee und erheben sich, besonders von Benediktbeuern aus betrachtet, als mächtige Barriere der Bayerischen Voralpen über dunklen Tannenwäldern. Während das Brauneck hauptsächlich für Skiläufer ein Begriff ist, kann sich die Benediktenwand neben Wanderwegen einer Vielzahl von Klettertouren rühmen.

Die Benediktenwand, liebevoll von den Einheimischen »Benewand« genannt, ist mit 1801 Meter die höchste Erhebung des Gratzuges. In der ersten Bayernkarte von Apian, die 1566 gedruckt wurde und als ein Markstein der alpinen Kartographie gilt, ist die Benediktenwand bereits zu finden, allerdings unter dem Namen Kirchstein. Vermutlich wurde ihr Gipfel schon im Mittelalter, vielleicht sogar von einem Mönch des nahen Klosters Benediktbeuern erstiegen.

Drüben, auf der östlichen Seite des Gebirges, liegt Lenggries, einst die Heimat der Isarflößer und 1280 erstmals in einer Urkunde als »Lenggengries nach Tolze [= Tölz] zinsbar« erwähnt.

Zu Fuß schafft man das *Brauneck*, über die Reiseralm und durch den Garlandkessel, nicht unter 2½ Stunden. Bequemer ist da schon die Auffahrt mit der Seilbahn. Von der Bergstation sind es dann nur noch 10 Minuten zum 1555 Meter hohen Braunneckgipfel, vorbei an der Braunneckhütte, einem Aussichtsbalkon ersten Ranges. An klaren Tagen überschaut man einen Teil der Alpenkette, kann weit im Süden die Gletscherfelder der Zentralalpen ausmachen und im Nordwesten die oberbayerischen Seen liegen sehen.

Im Westen reihen sich, einen Grat bildend, die Gipfel, einer hinter den anderen. Sie sind unterschiedlich stark ausgeprägt und teilweise bis oben hin mit Latschen bestanden. Freche Felszacken entragen dem Kamm, und ganz hinten erhebt sich unser Ziel, die Benediktenwand — etwa 5 Kilometer Luftlinie entfernt, zu Fuß knappe 4 Stunden.

Auf dem Braunneckkamm gehen wir in 10 Minuten zum felsigen *Schrödelstein* (1548 m). Damit ist die Generalrichtung

gegeben. Vorerst dienen noch die grün-weißen Tafeln als Wegweiser. Übrigens treten ungefähr 60 Prozent aller Besucher der Benediktenwand ihre Tour auf dem Brauneck an. Die Seilbahn sorgt vorbildlich für die Instandhaltung der Wege bis zum Latschenkopf, danach beginnt das Arbeitsgebiet der Alpenvereinssektion Lenggries. Links unten sehen wir die Tölzer Skihütte und weiter unten die Bayernhütte. Das *Stangeneck* (1640 m) wird überschritten. Etwas später erhebt sich rechts des Wegs der Vordere Kirchstein als grasige Kuppe, die nach Norden steil abfällt und eine schwierige Kletterführe birgt.

Ein leichter Gegenanstieg bringt uns auf den *Latschenkopf* (1712 m), den höchsten Punkt zwischen Brauneck und Benediktenwand. Im Süden breitet sich eine scheinbar unendliche Gipfelflur aus, nördlich unter unserem Standpunkt liegt das Längental eingebettet, in dem der erste Teil des Rückwegs verläuft. Im Westen sehen wir als nächste markante Erhebung die Achselköpfe und dahinter, aus dem Rotöhrlsattel breitgelagert ansteigend, die »Benewand«.

Vom Gipfel hinunter in den Probstalmsattel (1626 m; früher Feichtenecksattel). Und wieder zeigt eine Tafel zur Benediktenwand. Der Höhenweg wird alpiner. Bärtige Wetterfichten stehen am Weg; zu beiden Seiten Latschen. Mit etwas Glück kann man auf Steinböcke treffen. Die Tiere sind nicht scheu; sie gehören zur einzigen Steinbockkolonie im Raum der Bayerischen Voralpen.

Geübte können ohne Bedenken die Überschreitung der *Achselköpfe* angehen. Einfacher ist aber die Route, die vom Sattel ein Stück rechts abwärts führt, anschließend die Hänge oberhalb der Probstalm quert und sich dann zum *Rotöhrlsattel* (1615 m) hochzieht. Ab dem Sattel verläuft die Wanderung wieder gemeinsam, und zwar zusammen mit dem von der Tutzinger Hütte hochkommenden »Ostweg« über den breiten Gratrücken. Sie ist an kurzen Stellen mit Drahtseilen gesichert und bringt uns nach ¾ Stunden zum weit ins Voralpenland hinausgrüßenden Gipfelkreuz auf der *Benediktenwand* (1801 m). Direkt am Gipfel (Unterstandhütte) ist der Ausstieg des Maximilianwegs, des am wenigsten schwierigen (I—II) der insgesamt 20 Kletteranstiege durch

71

die Nordwand, zu deren Füßen auf grünen weiten Wiesenmatten die Tutzinger Hütte steht.

Zurück in den Rotöhrlsattel und bei der Wegteilung vor den Achselköpfen linkshalten und hinunter zur *Probstalpe*. Weiter geht es talwärts, unter den Ausläufern der Probstenwand durch den »Felsgang«. Wir überschreiten den Arzbach und wandern in der Folge immer den Bach entlang, im Rücken die helle Felsmauer der Probstenwand-Nordostwand.

Bei der *Längentalalm* legen wir eine Rast ein und erholen uns bei Butter- und Käsebroten, Milch, Bier oder Limonade. Dann geht es weiter zur nächsten Alm, der nur wenige Minuten entfernten *Pfundalm*; dort vertrauen wir uns dem halbrechts abgehenden *Jägersteig* an. Auf schmalem, feuchtem Wiesenpfad durch ein kleines Hochmoor, im waldbestandenen Hang bergauf und eben in den *Tiefen Graben*. Beim Schlegldorfer Kriegergedächtniskreuz scharf rechts, 400 Meter danach den Jägersteig rechts verlassen und kurz bergan zum *Vorderleitenberg* (984 m), dem letzten Gipfelpunkt unserer Wanderung. Sie klingt aus mit einem langen Abstieg durch die Wälder der Traten und endet im Tal beim

Langerbauer, etwa 10 Minuten nördlich der Seilbahn-Talstation zum Brauneck.

Touristische Angaben

Tageswanderung. Trittsicherheit notwendig! Effektive Gehzeit (ab Brauneck): 7 bis 8 Stunden. Insgesamt zu bewältigende Steigung: etwa 550 Meter. Wenige Meter unterhalb des Gipfels der Benediktenwand steht eine Notunterstandshütte. Die erste Seilbahn zum Brauneck fährt um 8.20 Uhr.
Talort: *Lenggries* (679 m), Luftkur- und Wintersportort im Isartal, 9 Kilometer südlich von Bad Tölz an der Bundesstraße 13. Gute Bahn- und Busverbindungen. Hotels, Gasthöfe, Pensionen, Jugendherberge. Talstation der Brauneck-Seilbahn am westlichen Isarufer bei den Gilgenhöfen.
Unterkunft: *Tutzinger Hütte* (1325 m), Deutscher Alpenverein, am Nordfuß der Benediktenwand. Betten und Matratzenlager. Bewirtschaftet von Anfang Mai bis Anfang November. Von Benediktbeuern (Weiler Gschwendt) 2½ Stunden. Vom Brauneck etwa 4½ Stunden.

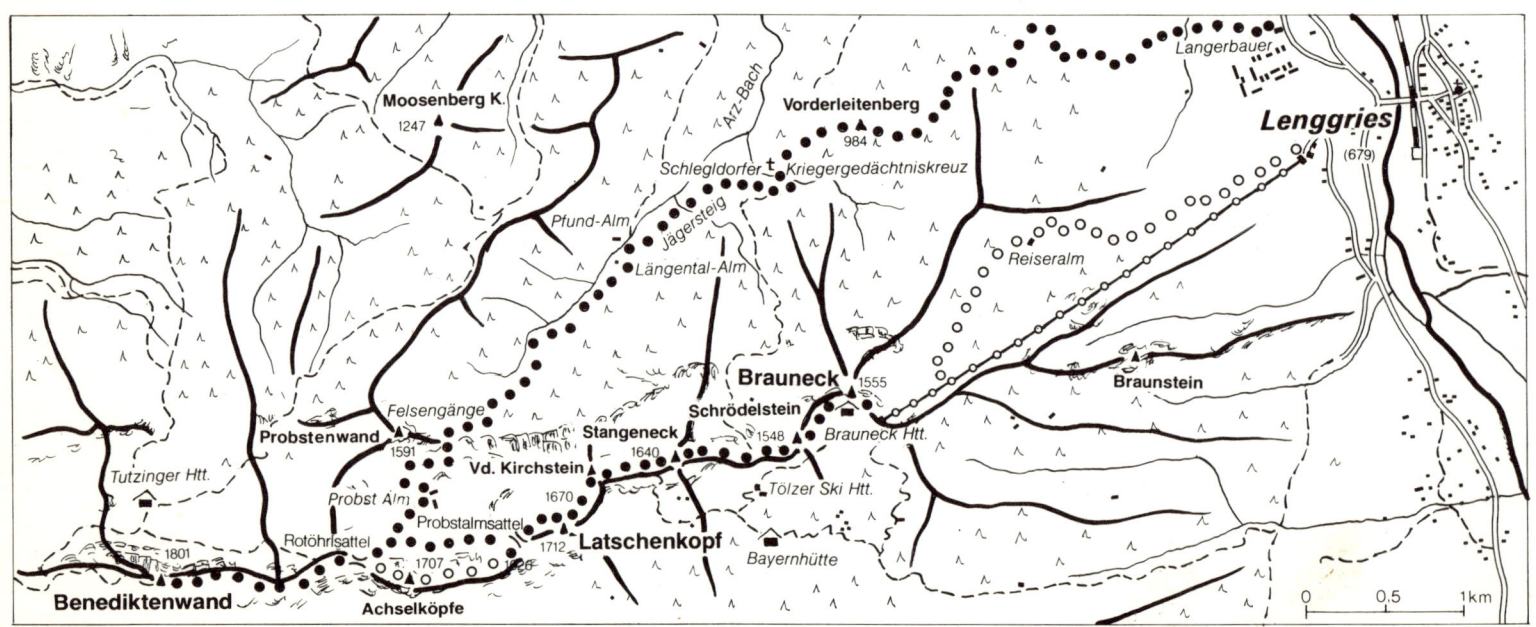

Tegernsee

Neureuth — Gindelalmschneid

Wer einmal die Heiterkeit der Landschaft um den Tegernsee erlebt hat, wird verstehen können, warum sich dort, am süd-östlichen Ufer des Sees, seit einem Jahrhundert immer wie-der bedeutende Künstler ansiedeln. Versteckt in den bewal-deten Hängen oberhalb des 5000 Einwohner zählenden Ortes liegen die Häuser berühmter Leute, die sich einst hier niederließen, wie Hedwig Courths-Mahler, Ludwig Gang-hofer, der norwegische Karikaturist und »Simplicissimus«-Zeichner Olaf Gulbransson, der Dichter und Schriftsteller Ludwig Thoma, der eigenwillige Maler August Macke und viele andere mehr.

Tegernsee ist ein Teil der lieblichen bayerischen Voralpen-Landschaft. Hier wie überall leuchten unter dem Weiß-Blau des bayerischen Himmels die Kuppeln, Zwiebeltürme und Fassaden der Kirchen, Kapellen und Klöster. Der Barock ist mit der Landschaft verwachsen und Bestandteil bayerischer Wesensart — nach Benno Hubensteiner verkörpert von »ei-nem gutmütigen, jähzornigen Bauernvolk, sinnenfroh und aufwenderisch, eigensinnig und beharrend«.

Tegernsee — das sind aber auch die »Großkopferten« in ihren Nobelvillen, die vornehme Seepromenade in Rottach-Egern und das exklusive »Bachmair« mit seinem internatio-nalen Flair. Die Einheimischen, stark traditionsverbunden von alters her, nehmen das alles beinahe gelassen hin. »Le-ben und leben lassen« lautet für sie die alte bayerische De-vise, mit der noch keiner schlecht gefahren ist.

Ob Wanderer und Bergsteiger, ob Spaziergänger oder Kur-gast, Kunstliebhaber oder nicht — keiner darf versäumen, in Tegernsee einen Blick in die Kirche des einstigen Benedikti-nerklosters St. Quirin zu werfen. Davor, über dem Schloß-platz, den vor der Säkularisation die Gebäude des Klosters säumten, das lange Zeit maßgebend in ganz Bayern mit Be-sitzungen in Südtirol und Niederösterreich war, prunkt die klassizistische Fassade der dreischiffigen Basilika. Und da-neben, im Nordflügel des Schlosses, befindet sich der Ein-gang zum Bräustüberl mit seiner zünftigen Gemütlichkeit unter alten Gewölben: Lebenslust und Fröhlichkeit neben der frommen Stille des Gotteshauses; so war es hier schon immer.

Günstige Parkplätze stehen beim Bahnhof von *Tegernsee* zur Verfügung. Vom Terrassen-Café steigen wir auf der Klosterwachtstraße kurz an, verlassen sie dann rechts und gewinnen auf dem Nigglweg weiter an Höhe. Vor dem schmiedeeisernen Portal des Sengerschlosses biegt man links in den genußvollen Panoramaweg ein. Wo er sich senkt, hal-ten wir uns rechts hinauf zum Mischwald und erreichen etwas später eine Wegteilung. An dieser Stelle, 20 Minuten vom Bahnhof, zeigt eine Alpenvereinstafel rechts zur Neu-reuth.

Weiter steigen wir im Mischwald an durch den Westhang des Ostiner Bergs, wobei man sich an den alten Sommerweg hält. Etwa 1 Stunde vergeht, ehe uns der Waldschatten frei-gibt. Von dort sind es über eine Wiese nur noch 10 Minuten zur »Neureuth«, wie das *Berggasthaus Neureuth* kurz ge-nannt wird. Wir sind auf dem *Ostiner Berg*, dem Hausberg der Tegernseer, aber auch ganzer Generationen von Münch-ner Jochbummlern. Die Höhe ist nicht überwältigend — 1264 Meter —, doch der Blick reicht an klaren Tagen bis zum Großvenediger.

In der Folge hält sich unsere Wanderung an die Ostrichtung. Stille Hochwälder säumen den breiten Weg, zwischendrin ein sonniger Wiesenfleck, hie und da ein Bankerl. Ein Bum-mel so richtig nach dem Geschmack »voralpiner« Wanderer und Genießer.

Etwa ½ Stunde nach der Neureuth, nach dem Verlassen des Waldes bei einem Gatter, müssen wir uns entschließen: Rechtshaltend hoch zum Gipfel der *Gindelalmschneid* (1334 m) oder geradeaus und den Hang queren zur bereits sichtbaren *Gindelalm*? Lohnender ist in jedem Fall der kurze Umweg über die Gindelalmschneid. Schon allein deshalb, weil sie der zweithöchste Gipfel zwischen dem Tegernseer Tal und dem Schliersee ist und außerdem eine weitreichende Ausschau in alle Himmelsrichtungen bietet. Hinter Morä-nenrücken sehen Kirchtürme hervor, verstreut gelegene Ein-zelhöfe sind zu erkennen, das Schlierachtal, die Seen — eine Urlandschaft, in die der Mensch allerdings unübersehbar ein-gegriffen hat.

Im Süden ihres Gipfels reihen sich die Berge und rahmen so

Blick vom Gasthaus Neureuth auf den Tegernsee mit Rottach-Egern.

Seite 78   Blick vom Tegernsee-Ostufer auf Tegernsee. Links steigen die Hänge zur Neureuth an.

ein fast biedermeierliches Bild, wie es einst der Hofmaler Wilhelm von Kobell gesehen hat. Vom Kreuz auf der Gindelalmschneid schauen wir südwärts links an der Baumgartenschneid vorbei zur Bodenschneid; einer ihrer Nebengipfel ist jener »Peißenberg bei Tegernsee«, der im Jennerweinlied besungen wird. Dort hat der Jäger Pföderl den Jennerwein-Girgl aus Schliersee beim Wildern »derwischt«: »... von hinten ward er angeschossen, zersplittert war sein Unterkinn«, wie es in dem schaurig-melancholisch-schönen Lied und auf dem Grabstein des heute noch im Volk verehrten Wildschützen heißt.

Hinter der Gindelalm müssen wir ein letztes Mal an diesem Tag aufsteigen. An einer Hütte vorbei zum Waldkamm, aus dem der *Auerberg* kaum herausragt. Danach geht es nur noch bergab. Linkerhand Durchblicke ins Schlierachtal, rechts unten der Schliersee mit seiner kleinen Insel. Die Waldkuppe des Rainer Bergs wird links in ihrer Nordseite traversiert, weiter unten steht eine Jagdhütte neben dem Weg, und dann sind wir schon auf dem *Huberspitz.* Wer bisher ohne Einkehr durchgegangen ist, hat sich seine »Radlermaß« ehrlich verdient. Herrlich der Ausblick hinaus ins Voralpenland über Täler und Höhen!

Der Abstieg windet sich in mehr und weniger langen Kehren durch den Nordhang, berührt am Waldrand die Bergstation eines Skilifts, wendet sich von dort links zu einigen Hütten hin und senkt sich vollends — rechts die Sprungschanze — zur Huberalm am Westrand von Abwinkl, einem Ortsteil von *Hausham.*

Touristische Angaben

Unschwierige Wanderung. Effektive Gehzeit vom Bahnhof Tegernsee bis Hausham 3½ bis 4 Stunden. Insgesamt zu bewältigende Steigung (mit Gindelalmschneid): 1150 Meter. Günstigste Jahreszeit: Anfang Mai bis Ende Oktober; am schönsten im Herbst. Im Frühjahr (nach der Schneeschmelze) ist der Weg stellenweise aufgeweicht. Von Hausham regelmäßige Busverbindungen mit Tegernsee.

Talorte: *Tegernsee* (731 m), Ausflugsort am Südostufer des Tegernsees an der Bundesstraße 318a, 54 Kilometer von München (Autobahnausfahrt Holzkirchen). Bahnstation, gute Busverbindung. Hotels, Gasthöfe, Pensionen. Sehenswürdigkeiten: Ehemalige Benediktiner-Klosterkirche (Klostergründung um 747), flachgedeckte Pfeilerbasilika mit Westtürmen, spätgotischer Umbau 1471—1478, Barockisierung unter Antonio Riva 1684—1688, Deckenfresken von Hans Georg Asam (Kirchenführer-Broschüre). — Gulbransson-Museum.

Hausham (760 m), industriegeprägte (früher Bergwerk) Ortschaft im Schlierachtal an der Bundesstraße 307 zwischen Miesbach und Schliersee. Bahnstation, gute Busverbindungen.

Unterkünfte: *Gindelalm* (1242 m), private Almwirtschaft nordöstlich der Gindelalmschneid, von der Neureuth ¾ Stunden. Bewirtschaftet in den Sommermonaten während des Almauftriebs; Matratzenlager.

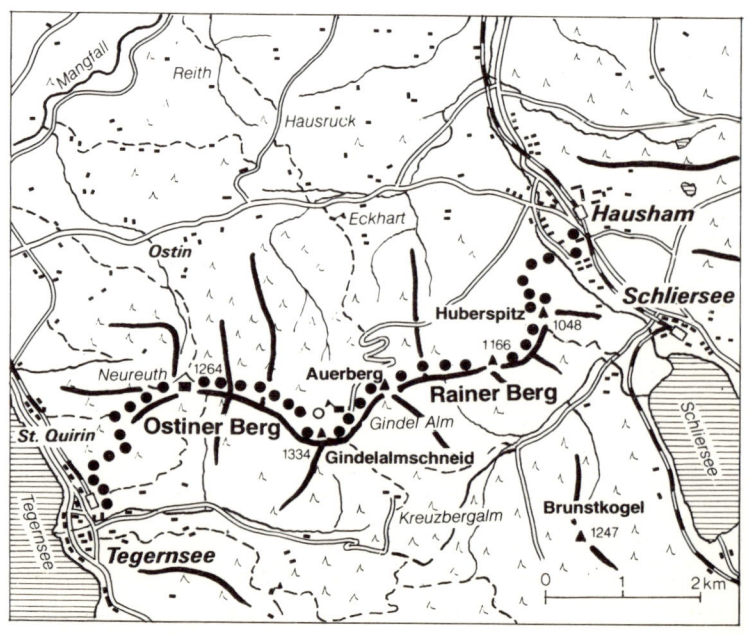

Tegernseer Berge
Wallberg und Risserkogel

Über dem Egerner Winkel erhebt sich beherrschend die breitgelagerte, kraftvolle Berggestalt des Wallbergs. Er schirmt das Tal ab und bildet die markanteste Erhebung am langen Oval des Tegernsees. Verbunden mit dem Wallberg ist das Wallberggebiet — als Bestandteil der Bayerischen Voralpen und der Tegernseer Berge —, eine kleine Berggruppe mit dem Risserkogel (1826 m) als höchstem Gipfel, der aber vom Tal aus eigenartigerweise nicht sichtbar ist.

Es dürfte kein Geheimnis sein, daß der Wallberg dank seiner Seilbahn das Prädikat, »meistbesuchter Berg am Tegernsee« zu sein, für sich in Anspruch nehmen darf. Wohlgemerkt: der Wallberg als solcher. Im südlichen Teil des Gebirges ist es schon merklich ruhiger. Wenn man dort Leute trifft, so sind es Wanderer wie wir.

Auf dem Wallberg sollte man schon einmal gewesen sein! Und der Höhenweg über Setzberg und Risserkogel gehört bestimmt zu den lohnendsten Höhentouren im bayerischen Voralpenland. Wer die Seilbahn benützt, kann die Wanderung in 5½ bis 6 Stunden gemütlich schaffen, wobei übermäßige Steigungen entfallen.

Das Kreuz auf dem *Wallberg* (1722 m) grüßt schon seit einem Jahrhundert weit hinaus ins Tegernseer Land. Zum Kreuz sind es ab der Seilbahnstation lediglich 20 Minuten, vorbei an der Reinhart-Start-Hütte und an der verfallenen Hintermaueralm. Am Gipfel ist heller Plattenkalk aufgeschichtet. Tief unter uns liegt der See, rundherum ein Meer von Häusern, fast ausschließlich in alpenländischer Art, nirgendwo graue Anzeichen modernen »Bunkerstils«. Am rechten Ufer fällt der Komplex des Klosters Tegernsee auf. Hinter dem Kloster, rechts oben, erstreckt sich der Waldkamm von der Neureuth zur Gindelalmschneid (siehe Wanderung auf Seite 75). Auf der anderen Seite erkennt man den Spitzturm von Bad Wiessee, wo der unvergessene Bergsteiger Toni Kinshofer seine letzte Ruhestätte gefunden hat. Und beinahe direkt unter uns liegt die Bucht von Rottach-Egern; links mündet die baum- und buschgesäumte Weißach in den See. Im Südwesten ist die Dreiecksgestalt des Juifen zu erkennen, im Süden der Blaubergkamm (siehe Wanderung auf Seite 91), einen »Daumensprung« links davon der Unnütz. Mehr im Vordergrund sieht man Setzberg, Plankenstein, Risserkogel. Im Osten erheben sich Bodenschneid und Stümpfling, und ein hübscher Ausblick geht zum Wallbergkirchlein auf einem kanzelartigen Vorsprung.

Am Kirchlein vorüber verläuft der Abstieg über den »Kircherlhang« in den Setzbergsattel mit dem *Wallberghaus* unweit des kreuzgeschmückten Hafnersteins. Halbrechts das langgestreckte Gebäude der Setzbergalm.

Jetzt können wir wählen: entweder aus dem weiten Sattel in Kehren über den begrasten Hang empor zum *Setzberg* (1712 m), von dem die Aussicht noch umfassender ist als vom Wallberg und überdies der Weiterweg zum Risserkogel gut überblickt werden kann, oder mit den Markierungszeichen WB 1 durch die Nordost- und Südostseite des Setzbergs zu seinem Südrücken, wo sich beide Wege wieder treffen. Dann im Auf und Ab über den teilweise bewaldeten Kamm in südlicher Richtung. Rechts geht der Blick über das Tal der Weißach hinüber zum kecken Felshorn des Leonhardsteins.

Vom Setzberg an befinden wir uns auf einem *Alpenlehrpfad*, den das Forstamt Kreuth betreut. Lehrtafeln geben Aufschluß über den geologischen Aufbau der Berge und über die hiesige Flora und Fauna.

Am *Grubereck* (1671 m), einer dürftig ausgeprägten Erhebung, wenden wir uns links, schwenken also in Ostrichtung ein. Kurz darauf zweigt rechts ein Pfad ab zur Ableitenalm. Das Schild zeigt jedoch geradeaus zum Risserkogel. Im südseitigen Hang äst zu früher Stunde Rotwild; links unten liegt träumend der kleine Röthensteiner See. Der Höhenrücken ist von Latschen bestanden. Die Linksabzweigung zum Plankensteinsattel ist für uns ohne Bedeutung, denn wir steigen — nun steiler und im felsigen Gelände — auf den *Risserkogel* (1826 m). Vom Wallberghaus bis hierher sind es ungefähr 2½ Stunden. Die erste längere Rast ist fällig. Die Südabstürze des Plankensteins verdienen unsere Aufmerksamkeit. Im linken Wandteil die mauerglatte, etwa 50 Meter hohe Plankensteinnadel. Links von ihr führt der am wenigsten schwierige (II) Kletterweg zum Grat und über ihn zum Kreuz auf dem Hauptgipfel. Ein scharfes Auge kann die Kletterer ausmachen. Am Wandfuß das Weglein vom Plankensteinsattel zum Riederecksattel. Und über dem Gipfelgrat der Wallberg mit Hotel und Kirchlein.

Vom Gipfelkreuz zunächst einige Minuten in einer Felsrinne absteigen. Drahtseile geben ängstlichen Gemütern Sicherheit. Steilschrofig zum Kammrücken, der aber schon bald links verlassen wird. Oberhalb des meist ausgetrockneten Riederecksees werden die freien Hänge gequert. Der *Riedereckssattel* bleibt zurück, und kaum ist seit dem Risserkogel ½ Stunde vergangen, erreichen wir die *Riedereckalm* an der Waldgrenze. Ab hier kann eigentlich nichts mehr schiefgehen. Bei der Siebelalm nimmt uns eine kleine Forststraße auf, die sich im Nordhang des Siebelbergs ins Rottachtal zur Valeppstraße senkt. Etwa 350 Meter rechts befindet sich die Talstation des Stümpflinglifts.

Auf der Mautstraße links zur Bushaltestelle »Hufnagelstube«. Die Straße führt talauswärts. Nach ¼ Stunde lohnt sich ein Abstecher links zu den *Enterrottacher Wasserfällen*. Zum Gasthof von *Enterrottach* sind es noch 10 Minuten. Abschließend folgen wir dem Wanderweg, der sich links an den Waldrand hält; Markierung: E 1. Oberhalb des verlandeten Gloggersees schlendern wir durch den Mischwald zum Parkplatz bei der Wallbergbahn.

Touristische Angaben

Tageswanderung, überwiegend unschwierig. Nur am Risserkogel ist Trittsicherheit erforderlich. Effektive Gehzeit (bei Benützung der Wallbergbahn): 5½ bis 6 Stunden. Insgesamt zu bewältigende Steigung (ohne Setzberg): etwa 600 Meter. Günstigste Jahreszeit: Mitte Mai bis Ende Oktober; idealste Zeit ist der Herbst.

Talort: *Rottach-Egern* (740 m), Luftkurort am Südostende des Tegernsees, 55 Kilometer von München, 26 Kilometer von der Autobahnausfahrt Holzkirchen. Nächster Bahnhof (2,5 km) ist Tegernsee (Busverbindungen). Hotels, Gasthöfe, Pensionen. Zeltplatz in Weißach. Jugendherberge in Scharling (2 km). Sehenswürdigkeiten: Heimatmuseum in

Rottach. Auf dem Friedhof von Egern die Gräber von Ganghofer, Thoma, Slezak, Spoerl, Gulbransson. Am südlichen Ortsrand die Talstation der Wallbergbahn (Parkplätze, Bushaltestelle).

Unterkünfte: *Wallberg-Hotel* (1624 m), privat, unterhalb des Wallberggipfels an der Bergstation der Seilbahn. Betten. Bewirtschaftet von Weihnachten bis Ende Oktober. Vom Wallberghaus Sessellift oder 20 Minuten zu Fuß.

Wallberghaus (1512 m), privat, im Sattel zwischen Wallberg und Setzberg. Betten und Matratzenlager. Bewirtschaftet von Mitte Mai bis Ende Oktober. Von Rottach-Egern 2 Stunden. Vom Wallberg-Hotel Sessellift oder 10 Minuten zu Fuß.

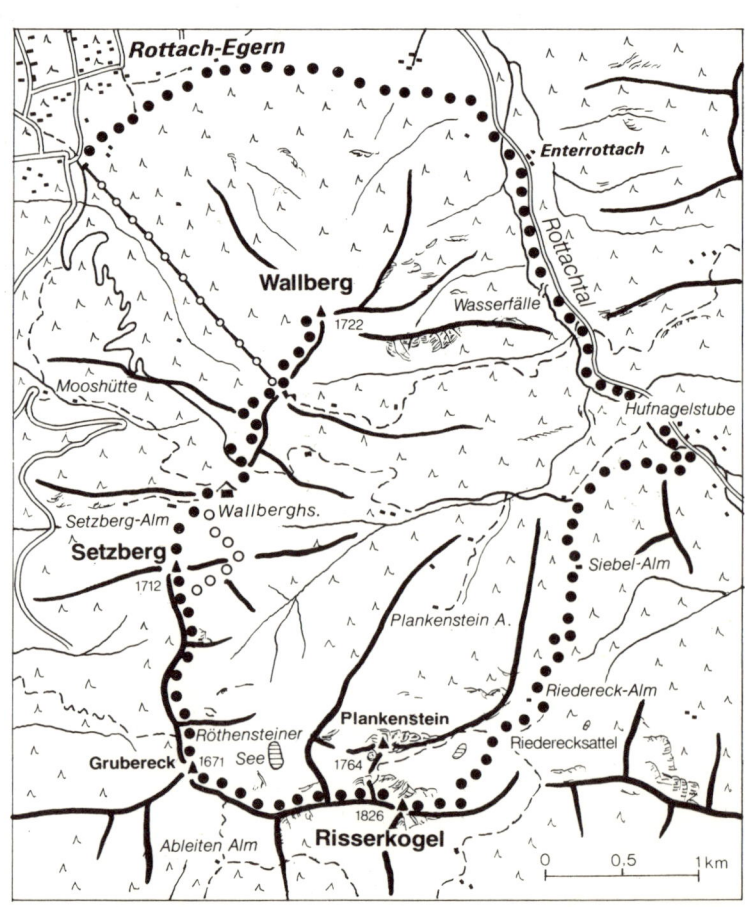

Spitzingsee
Vom Taubenstein zur Rotwand

Die Berge um den Spitzingsee, südwestlich des Leitzachtals, gehören zum Mangfallgebirge und sind ein Teil der Bayerischen Voralpen am nördlichen Rand der Kalkalpen. Die Baumgrenze liegt bei 1800 Meter; höchster Gipfel auf deutschem Boden ist die Rotwand mit 1885 Meter. Sie besitzen zwar noch keine ausgesprochen hochalpinen Regionen, doch können bei Witterungsumschlägen extreme Temperaturstürze auftreten, selbst mitten im Sommer sind zehn bis fünfzehn Grad minus keine Seltenheit.

Das Gebiet um den Spitzingsee ist eines der beliebtesten Münchner Ausflugsgebiete. Sommers wie winters ist Saison, und immer herrscht Hochbetrieb. Schließlich liegt die Landeshauptstadt nur 65 Kilometer entfernt.

An den Wochenenden wimmelt es von Ausflüglern, die Hütten sind überfüllt, auch auf den Gipfeln drängen sich die Menschen. Doch das war nicht immer so! Noch in den fünfziger Jahren verkehrte eine Gondelbahn von Josefstal zum Spitzingsattel, deren Anlage abgerissen worden ist. Dann kam die Stümpflingbahn, als zweite die Suttenbahn — beide auf der Westseite des Sees —, und in den siebziger Jahren wurden auch auf der Ostseite eine Seilbahntrasse und Skipisten angelegt. Trotz dieser nahezu totalen Erschließung sind die Höhen ein bevorzugtes Wanderrevier geblieben. Das liegt vor allem an den günstigen Verkehrsverbindungen zum Spitzingsee, der leicht zu erreichen ist und für Touren eine ideale Hochlage besitzt. An Höhenwanderungen bietet sich auf der Ostseite der lange Weg von der Bodenschneid über den Stümpfling zum Stolzenberg, auf der Westseite die weniger anstrengende Überschreitung Taubenstein—Rotwand; sie ist auch in Begleitung kleinerer Kinder ohne weiteres durchführbar und für mich der genußvollste Höhenweg in diesem Bergbereich.

An der Südostecke des *Spitzingsees*, wo neben der Alten die Neue Wurzhütte steht und an der Mündung der Roten Valepp die Mautstraße in die Valepp beginnt, schultern wir den Rucksack und gehen ein kurzes Stück taleinwärts. Halblinks zweigt ein Fahrsträßchen ab, das nun für einige Zeit unseren Weg bestimmt. Die Steigungen sind vorerst nur

mäßig. Gemütlich wandern wir durch Wälder südlich um den Schwarzenkopf herum, der linker Hand ansteigt. Die Schwarzenkopf-Winterstube und ein Hüttchen der Bergwacht werden passiert. Kurz danach zweigt rechts der kürzeste Weg zur Oberen Maxlrainer Alm ab. Bequemer ist es aber, auf dem Sträßchen noch weiterzugehen, vorbei am *Berggasthof Igler* zur nahen *Unteren Maxlrainer Alm*, und erst dort scharf rechts abzubiegen.

Eine Tafel erklärt die Route, die gut ausgebaut ist und als nächstes zur Talstation eines Skilifts führt. Ab dort wird das Gelände spürbar steiler. Es ist kein richtiger Weg vorhanden, wir können nur in ausgewaschenen Erdrinnen gehen. Am besten, man legt sich seine Kehren selbst über den zur Piste gerodeten Hang und hält sich an den Verlauf des Lifts.

Bei der *Oberen Maxlrainer Alm* ist die erste Rast fällig — eine willkommene Pause! Direkt gegenüber, nur etwas höher, ragen die gewölbten, grauschwarzen Nordwestabstürze des Taubensteins auf, in denen man die Kletterer mit bloßem Auge beobachten kann.

Zu lange sollte die Einkehr nicht dauern, denn es geht noch ein Stück aufwärts, empor in den *Taubensteinsattel* mit der Bergstation der Seilbahn. Dort beginnt der eigentliche Gipfelweg zum *Taubenstein* (1693 m), wobei an einigen Passagen die Hände zu Hilfe genommen werden müssen. Um das Kreuz scharen sich die Leute. Wer bis hierher zu Fuß gegangen ist, kann schon ein bißchen stolz sein, denn die meisten haben sich mit der Taubenstein-Seilbahn zur Höhe befördern lassen.

Der Abstieg erfolgt über die »zahme« Seite des Berges, durch seine schrofige Ostflanke. Links unten liegt das Taubensteinhaus. Unser Höhenweg hält sich leicht rechts in südliche Richtung und leitet in die freien Westhänge des Lempersbergs. (Man kann auch direkt über den Lempersbergkamm wandern!) Die Aussicht reicht westwärts über das tief eingebettete Waldtal der Valepp zum Stolzenberg und zu dem dahinter aufragenden Risserkogel. Im Südwesten steht der felsige Grenzkamm des Schinders, und links davon, bereits vollständig auf Tiroler Boden, ist das

Das bekannte Taubensteinhaus liegt zwar etwas abseits der beschriebenen Wanderung, kann auf dieser aber ohne weiteres »mitgenommen« werden. Im Hintergrund der Wendelstein.

Seite 88   Am Gipfel der Rotwand oberhalb der gleichnamigen Alpenvereinshütte.

Hintere Sonnwendjoch zu sehen, mit 1986 Meter der höchste Gipfel des Mangfallgebirges.

Nach der *Oberen Wallenburgalm* heißt es wieder ansteigen. Wir kommen in den *Kirchsteinsattel*. Ein guter Rat: jetzt nicht auf dem unteren, scheinbar bequemen Hangweg direkt zum Rotwandhaus wandern, sondern gleich links, ziemlich steil hoch, nahe den Felsen und oben nach rechts traversieren zum Weg, der vom Rotwandhaus hochzieht und uns wenige Minuten später auf den Gipfel der *Rotwand* (1885 m) führt. Im Nordwesten erhebt sich der Wendelstein mit seinem typischen Felskopf hoch über Bayrischzell. Wer ein scharfes Auge hat, kann sogar das kleine Kirchlein auf dem Felsvorsprung in der Mitte des Wendelsteins sehen.

Unten, beim *Rotwandhaus*, müssen wir uns Gedanken über den Abstieg und Rückweg machen. Da bietet sich die Möglichkeit an, von der etwa 5 Minuten entfernten Kümpfelscharte südwärts in den Pfanngraben abzusteigen, dann auf der Straße durch das Tal der Valepp zum Spitzingsee zu wandern.

Kürzer und vor allem lohnender durch die Schönheit seiner Ausblicke ist der Weg über die *Wildfeldalm* und durch den Hochwald zur Fahrstraße, die uns schon vom Aufstieg her bekannt ist und auf der wir in nicht ganz ½ Stunde wieder in Spitzingsee eintreffen.

Touristische Angaben

Unschwierige Wanderung. Effektive Gehzeit: etwa 7 Stunden (bei Benützung der Taubenstein-Seilbahn 1¾ Stunden weniger). Insgesamt zu bewältigende Steigung: etwa 800 Meter. Günstigste Jahreszeit: Mitte Mai bis Ende Oktober.

Talort: *Spitzingsee* (1085 m), höchstgelegener Ortsteil von Schliersee am gleichnamigen See in reizvoller Gebirgslandschaft, 10,5 Kilometer von Schliersee (Bahnhof, Busverbindungen). Hotels, Gasthöfe, Pensionen. Empfehlenswerte Übernachtungsmöglichkeit in der Neuen Wurzhütte (Betten und Lager) an der Südostecke des Spitzingsees.

Sehenswürdigkeit: oberhalb des Postgasthauses St. Bern-

hard die sogenannte Taborkirche, erbaut aus dem Gestein der hiesigen Berge, 1938 von Kardinal Faulhaber dem hl. Bernhard (Schutzpatron der Bergsteiger) geweiht. Die Deckenbemalung stellt den Bergsegen von Papst Pius XI. dar; über dem Portal ein Gemälde, das den Kirchenpatron beim alpinen Rettungsdienst zeigt.

Unterkünfte: *Berggasthof Igler* (1300 m), privat, an der Fahrstraße von Spitzingsee zur Polizeischule Schwarzenkopfhütte. Betten und Lager. Ganzjährig bewirtschaftet, nur im Herbst zeitweise geschlossen. Von Spitzingsee (Postgasthaus St. Bernhard) ¾ Stunden.

Obere Maxlrainer Alm (1520 m), privat, Berggasthaus gegenüber der Taubenstein-Nordwestwand. Betten. Ganzjährig bewirtschaftet. Von Spitzingsee (Postgasthaus St. Bernhard) über »Igler« etwa 1½ Stunden. Von der Taubensteinseilbahn-Bergstation etwa 10 Minuten Abstieg.

Rotwandhaus (1765 m), Deutscher Alpenverein, südlich (unterhalb) der Rotwand aussichtsreich gelegen. Betten und Matratzenlager. Ganzjährig bewirtschaftet. Vom Taubenstein etwa 3 Stunden.

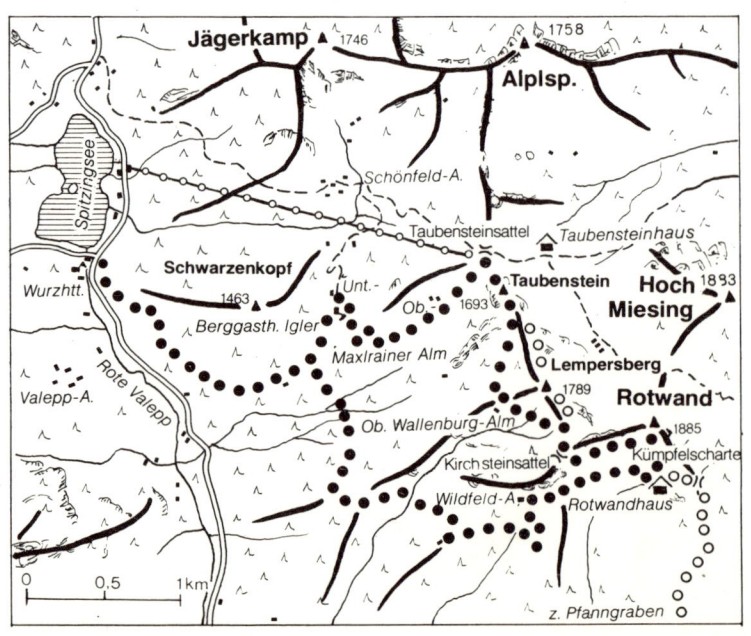

Über Wildbad Kreuth — links die Kapelle »Zum Heiligen Kreuz« — erhebt sich der Kamm der Blauberge.

Seite 89   An der Hofbauernweißach beim Aufstieg in Richtung Blauberge.

Den Abschluß des lieblichen Tegernseer Tales bildet die langgezogene, von Osten nach Westen sich erstreckende, mehrgipfelige Kette der Blauberge, nordseitig mit steilen Felsabbrüchen bewehrt, während auf der Südseite die Almwiesen oberhalb des Waldgürtels bis an den Grat heranreichen.

Die Blauberge markieren die deutsch-österreichische Grenze; höchster Gipfel ist mit 1861 Meter die Halserspitze als östlicher Eckpfeiler. Diese Berge sind schon von Tegernsee aus zu sehen, wenn man am Schiffsanleger beim Kloster steht und zwischen Hirschberg und Wallberg hindurch nach Süden blickt. Bei Gegenlicht wird der Kamm von blauem Dunst überspült; davon dürfte auch der Name Blauberge herrühren. Allerweltsberge sind es beileibe nicht! Obwohl es kaum eine Publikation über die Tegernseer Berge gibt, in der nicht nachdrücklich auf den einsamen Kamm hoch über dem Wildbad Kreuth hingewiesen wird, kann man sicher sein, dort dem Massentourismus nicht zu begegnen. Denn: Wer steigt heute noch 4½ Stunden — so lange dauert der Weg von Wildbad Kreuth zur Halserspitze — zu Fuß auf? In den Bayerischen Voralpen ist eben die Versuchung sehr groß, sich von einer Seilbahn zur Höhe gondeln zu lassen. Vielleicht aber regt die nachstehende Beschreibung zu dieser Kammpromenade über die Blauberge an — allerdings sollte die Tour nicht an einem Hochsommertag unternommen werden, da es unterwegs keine Wasserstelle gibt und der Weg an heißen Tagen sehr ermüdet. Am besten eignet sich bedecktes Wetter oder der Spätherbst.

Geparkt wird zwei Kilometer südlich von Kreuth auf der Ostseite der Bundesstraße 307, ein Stück vor der eisernen Weißachbrücke, wo auch die Busse halten. Auf einer Privatstraße erreichen wir in ¼ Stunde das sehenswerte *Wildbad Kreuth*. Rechts drüben im Biedermeierstil das einstige Kurhaus mit seiner Säulenhalle, am Waldrand die Kapelle »Zum Heiligen Kreuz« mit der angebauten Priesterwohnung in einem oberbayerischen Bauernhaus aus dem 18. Jahrhundert. An die Kapelle grenzte einst das »Alte Bad«, dessen Schwefelquelle ihrer Heilkraft wegen gerühmt wurde und das ein-

mal zum Besitz des Klosters Tegernsee gehörte. Im Hintergrund die langgestreckte Kette der Blauberge.

Der Weiterweg ist voller Abwechslung: nach der Kapelle (links am Waldrand) rechts der Stephans-Blick, unten Fischteiche, im Westen Roß- und Buchstein. Wir bummeln auf dem *Kiem-Pauli-Weg* dahin. Links im Wald folgt die *König-Max-Quelle*, eine eisenhaltige Schwefelquelle, und oberhalb davon erinnert ein Denkmal an König Max Joseph, dem das neue Bad seine Gründung 1818 verdankt.

Den Tafeln nach hinunter zu den *Siebenhütten*, ursprünglich einmal sieben einsam gelegene Almhütten, die sieben Bauern gehörten, heute eine bewirtschaftete Ausflugsalm mit oft regem Betrieb. Auf einem Steg über die ungestüm dahinfließende *Hofbauernweißach*, worauf ein Wegweiser links in Richtung »Wolfsschlucht-Schildenstein« zeigt. Im Wald mäßig ansteigend erreichen wir bald die *Königshütte*. Nun geht es dem ersten Höhepunkt entgegen: an der *Felsweißach* entlang und durch die »Klause« zur wildromantischen *Wolfsschlucht*. An Regentagen ist es dort düster, um nicht zu sagen unheimlich. Wasserfälle ergießen sich in den Wildbach, Fontänen stäuben über die Wände, in tiefen Gumpen kreiselt im Frühjahr der Wildbach; hier liegen bis weit in den Sommer hinein noch Altschneereste.

Die Tafel »Gefährliche Wegstrecke« ist als Mahnung für sogenannte Halbschuhtouristen angebracht. Für sie gilt: Bis hierher und nicht weiter! Der Weg entwickelt sich nämlich zum ausgesetzten Steig, ist aber an allen erforderlichen Stellen drahtseilgesichert. Weiter oben kann es vorkommen, daß der Pfad, vor allem nach starken Regengüssen, stellenweise abgerutscht ist. Dann besondere Vorsicht!

Die roten Farbkleckse der Markierung leiten schließlich über Almwiesen hinauf in einen Sattel südöstlich des Schildensteins. An dieser Stelle, ungefähr 2½ Stunden von Wildbad Kreuth, haben wir die Höhe erreicht und die größten Steigungen geschafft. Zum Schildenstein, der allerdings nicht mehr zu den Blaubergen gehört, sind es vom Sattel 40 Minuten. Unser Hauptinteresse gilt jedoch dem Blaubergkamm, der uns für längere Abstecher gar keine Zeit läßt. Vom Sattel in östliche Richtung über Wiesen ansteigen, die im Sommer ein tiefblaues Meer stengelloser Enziane sind — rechts unten die Blaubergalmen —, zum ersten Gipfelpunkt, der 1766 Meter hohen *Wichtelplatte*, einer der drei, aus dem Kamm nur unbedeutend herausragenden Erhebungen. Großartig sind die Tiefblicke über die Nordabstürze und hinaus ins Tegernseer Tal, im Süden steht im Vordergrund die Gipfelwelt des Rofan.

In gut ½ Stunde wandern wir auf der Grenze zwischen Bayern und Tirol, streckenweise etwas unterhalb des Kamms, über die *Blaubergschneid* (1786 m) zum gleichhohen *Blaubergkopf*, beide nur durch einen sanft ausgeprägten Wiesensattel voneinander getrennt. Später, auf der *Karspitze*, zweigt rechts ein Weg ab zur Gufferthütte, den wir unbeachtet lassen. Das große Kreuz auf der *Halserspitze* ist richtungsbestimmend. Zum Schluß über Schrofen empor zur Spitze und damit zum höchsten Punkt (1861 m) der Wanderung.

Im Abstieg halten wir uns (vom Sattel vor dem Gipfel) an den schrofig-felsigen Nordgrat beziehungsweise an seine linke, westliche Seite. Der Steig windet sich durch Latschen, ist anfangs noch ziemlich steil und auch ausgesetzt. Drahtseile wären an solchen Passagen wirklich kein Luxus!

Über den Rücken zwischen dem Tal »In der langen Au« (rechts) und der Hofbauernweißach zum Platz, auf dem einst das Stangenhäusl stand. Die Steilheit nimmt ab. Durch Wald zur *Weinbergjagdhütte* und über den *Weißenbachkopf* (1353 m). Danach wieder steil in Kehren hinunter durch Hochwald zur *Hohlensteinalm* und von dort weiter talauswärts, bei der zweiten Brücke rechts des Bachs weiter — also nicht direkt nach Siebenhütten! — und über Wildbad Kreuth zum Parkplatz.

Touristische Angaben

Tageswanderung für Trittsichere und Schwindelfreie. Effektive Gehzeit: 7 bis 7½ Stunden. Insgesamt zu bewältigende Steigung: etwa 1200 Meter. Günstigste Jahreszeit: Anfang Juni bis Ende September. Weniger Geübte (Kinder) sollten in der Wolfsschlucht besser an die Reepschnur genommen werden. Proviant und Trinken mitnehmen! Ein Abstecher

zur Gufferthütte wäre mit einem weiten Umweg verbunden. Bei Nebel ist von der Tour abzuraten.

Talort: *Kreuth* (786 m), Mittelpunkt einer aus 16 Ortschaften bestehenden Gemeinde in einem bergumschlossenen Talkessel der Weißach und vom Korallenriff des spitzgipfeligen Leonhardsteins überragt, 5 Kilometer südlich von Rottach-Egern (Busverbindungen) an der Bundesstraße 307. Hotels, Gasthöfe, Pensionen. Nördlich (2 km) in Scharling die Kiem-Pauli-Jugendherberge. Sehenswürdigkeit: älteste Leonhardkirche Deutschlands, ein ursprünglich romanischer Bau, der zwischen 1489 und 1491 vom Tegernseer Abt Konrad spätgotisch umgebaut wurde; kostbares Holzrelief aus dem Jahr 1550. — Berühmt für Kreuth (es hieß bis 1184 »Winkel«) ist die alljährlich am 6. November stattfindende Leonhardifahrt.

Unterkunft: *Gufferthütte* (Ludwig-Aschenbrenner-Hütte, 1475 m), Deutscher Alpenverein, südöstlich der Halserspitze auf österreichischem Boden. Betten und Lager. Bewirtschaftet von Pfingsten bis Ende Oktober. Von der Halserspitze etwa 1 Stunde Abstieg (abseits der beschriebenen Wanderung).

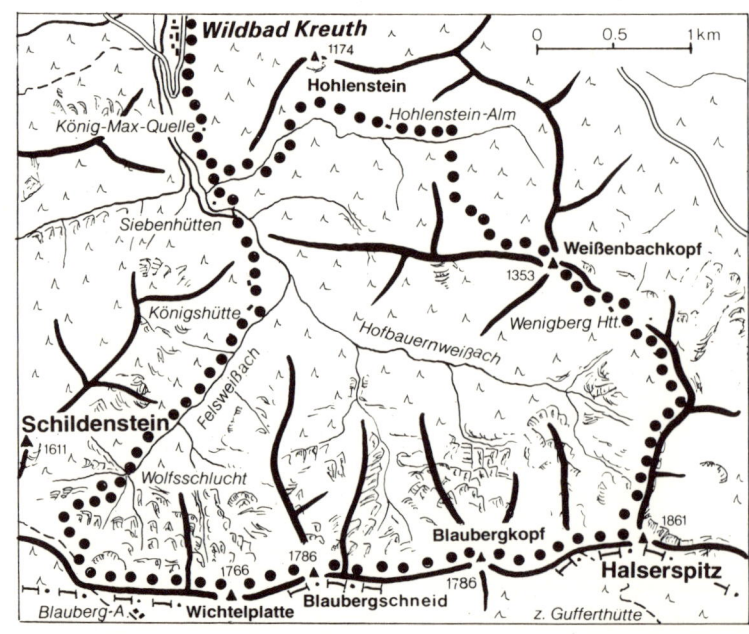

Rofan

Zwischen Achensee und Inntal

Rund 1700 Meter über dem Inntal gipfeln die Berge des Rofan in einer Höhe von fast durchwegs über 2000 Meter. Alpingeographisch ist das Rofan (mit Unnütz und Guffert) eine Untergruppe der Brandenberger Alpen. Das ist aber im allgemeinen wenig bekannt, eher ist schon der Name Sonnwendgebirge geläufig, wie die Gruppe bis in die zwanziger Jahre hieß und wie es auch heute noch auf manchen Karten zu lesen ist. Die Grenzen können klar umrissen werden: Achensee, das mittlere Inntal zwischen Jenbach und Kramsach, die Brandenberger Ache und im Norden der österreichisch-deutsche Grenzkamm.

Das Rofan ist ein kleines, aber dafür um so reizvolleres Gebiet mit achtunggebietenden Bergen, einer überaus üppigen Flora, die den größten Teil der geschützten Alpenpflanzen umfaßt, sowie vielerorts starken Gemsenrudeln. Zur geologischen Situation: Trias- und Jurakalke sind bestimmend für die Gipfelformen, die einer Art stockförmigem Hochplateau aufgesetzt sind. Auf der Nordseite fallen die Steilwände ab — grauschwarze Mauern über dem grandiosen Ampmoosboden. Betrachtet man es von dort, von Steinberg aus, versteht man, warum das Rofan »Nordtiroler Rosengarten« genannt wird.

Die lohnenden Wanderwege verlaufen mit wenigen Ausnahmen auf der Südseite des Hauptkamms. Durch die Seilbahnen und die günstigen Verkehrsverhältnisse ist eine Durchwanderung des Rofans von München aus im Rahmen einer Tagestour zur Selbstverständlichkeit geworden.

Landschaftlicher Glanzpunkt auf der Westseite des Gebirges ist der bis zu 133 Meter tiefe *Achensee*, zweifellos der schönstgelegene See Nordtirols. Im Sommer ziehen weiße Schiffe über die tiefgrüne Wasserfläche, von deren Ufern die Berge ansteigen. Die Hauptgipfel des Rofans sind aber von dort aus nicht zu sehen. Erst wenn wir bei der *Erfurter Hütte* sind, wird eine Übersicht gegeben, und zwar vom Dalfazer Kamm im Westen bis hin zur Rofanspitze im Osten. Damit haben wir alle für die Höhenwanderung interessanten Berge vor uns. Fast könnte man sich von dem Betrieb abschrecken lassen, der bei der Seilbahn-Bergstation

allsonntäglich herrscht. Doch die Leute »verlaufen« sich bald, und überdies bleiben die meisten in Hüttennähe und decken mit einem Kaffee oder einem Bier ihre »alpinen Bedürfnisse«.

Im Norden der Hütte erhebt sich der Gschöllkopf, abweisend und unnahbar, wie es von hier scheint. Wir steigen in seiner Ostseite an, passieren zunächst den Mauritz-Hochleger und erreichen nach 40 Minuten das »Gatterl«, einen Sattel zwischen Spieljoch und Gschöllkopf. Nun sieht der Gschöllkopf wesentlich zahmer aus; zu seinem 2039 Meter hohen Gipfel wären es nur noch gute 10 Minuten. Ein Vorschlag für einen kurzen Abstecher, obwohl noch höhere Berge »mitgenommen« werden können: zum Beispiel die *Hochiß*, mit 2299 Metern der höchste Gipfel im Rofan. Aber auch die Höhenroute selbst beschert uns noch Gipfel. Einer davon ist das *Spieljoch* (2236 m) im Hauptkamm östlich der Hochiß. Und wie bei allen Erhebungen im Hauptkamm ist auch beim Spieljoch die Südseite bergsteigerisch nicht aufregend, während die Nordabstürze teilweise bis zu 400 Meter hoch sind und schwierigste Kletterführen bergen. In der Spieljoch-Nordwand gibt es sogar eine Stelle mit VI+ — die Grenze des Menschenmöglichen.

Auf dem Südkamm kurz absteigen, dann links in die *Seekarlscharte*, von der sich ein weiterer namhafter Rofangipfel, die Seekarlspitze (2240 m), anbietet. Für diesen Umweg müßte man ½ Stunde einplanen. Besser, man geht gleich weiter! Der Höhenweg führt bis dicht unter die Roßkarlscharte heran und zieht sich dann unter der gelbroten Südwand des Südlichen Roßkopfes in östliche Richtung zur *Gruberscharte* hin. Einige Meter vor der Scharte zweigt bei einer kleinen Quelle links der Weg über Almmatten hinauf zum grasigen *Bettlersteigsattel* (2128 m) im Rofan-Hauptkamm ab, der nach 10 Minuten betreten wird.

Unser Ziel sind jetzt die Rofanspitzen! Vom Sattel führen Steigspuren zum geneigten Südwesthang, über den es unschwierig zum *Westgipfel* (2240 m) der *Rofanspitze* geht. Die schauerliche Wildheit der Nordwestabstürze können wir nur ahnen. Der unvergessene Hermann Buhl wagte dort eine schneidige Erstbegehung.

95

Der Dalfazerkamm beziehungsweise das Dalfazerjoch, bei dem
sich die Bergsteiger befinden, kann von der Hochiß im Rahmen
eines kleinen Umwegs erreicht werden.

Seite 98   Vom Zireiner See geht der Blick zurück zu den
Ostabstürzen der Rofanspitze. Rechts davon Roßkopf und Hochiß.

Vom Hauptgipfel trennen uns nur noch 20 Minuten. Der Übergang hält sich an den Verbindungsgrat oder dicht rechts neben ihn und stößt schließlich auf den Weg, der von der Gruberscharte direkt hochführt zum *Hauptgipfel* (2259 m) der *Rofanspitze*; etwa 3½ Stunden von der Erfurter Hütte entfernt.

Direkt im Süden zeigen sich der klotzige Sagzahn, dahinter das abgeflachte Vordere Sonnwendjoch und am Horizont der firngleißende Zentralalpenkamm.

In 10 Minuten sind wir unten im *Schafsteigsattel* Danach heißt es aufpassen, denn der Weiterabstieg zum Marchgatterl ist stellenweise ausgesetzt, aber mit Drahtseilen gesichert. Links ragt die Ostwandmauer der Rofanspitze auf, durchzogen vom berüchtigten Spiegl-Riß (im rechten Wandteil). Nach ½ Stunde sind wir im *Marchgatterl* (1905 m), einem Weidezaun auf einem schmalen Rücken. Links führt ein Weg hinaus nach Steinberg, der uns so wenig interessieren soll wie die Abzweigung 5 Minuten später in Richtung »Zireiner Alm—Bayreuther Hütte«, auf die eine Tafel aufmerksam macht. Wir vertrauen uns dem linken Weg (»Zireiner See—Roßkopf—Bergbahn«) an und sind nach 10 Minuten am Ufer des *Zireiner Sees*, einem Juwel des Rofangebirges. Er soll unergründlich tief sein, weiß eine Sage zu berichten, und jeder, der dem Wasser zu nahe kommt, wird in den Abgrund gezogen: Wie gut, daß das keiner der vielen Ausflügler ahnt, die an schönen, sonnigen Tagen um den See lagern!

Heute ist die einstige Idylle durch die Roßkogellifte zum (vielbesuchten) Allgemeingut geworden, und so hört auch niemand mehr die Glocken geisterhaft aus der Tiefe des Sees läuten . . .

In ½ Stunde sind wir dann auf dem *Roßkogel*, steigen ab zur Liftstation und lassen uns nach *Kramsach* gondeln, eine Wohltat für die müden Beine.

Touristische Angaben

Unschwierige Tageswanderung; beim Abstieg vom Schafsteigsattel einige Drahtseilsicherungen. Effektive Gehzeit

Erfurter Hütte—Roßkogellift: etwa 5½ Stunden. Insgesamt zu bewältigende Steigung: etwa 700 Meter. Günstigste Jahreszeit: Mitte Juni bis Ende September. Von Kramsach Busverbindungen mit Jenbach.

Talorte: *Maurach* (975 m), Fremdenverkehrsort an der Achenseestraße, 8 Kilometer von Jenbach (Inntal) an der südöstlichen Spitze des Achensees. Zahnradbahn von Jenbach; Busverbindungen. Hotels, Gasthöfe, Pensionen. Talstation der Seilbahn zur Erfurter Hütte.

Kramsach (535 m), Fremdenverkehrsort unweit der Mündung der Brandenberger Ache in den Inn. Regelmäßige Busverbindungen mit Rattenberg und Brixlegg (nächste Bahnhöfe, Strecke Kufstein—Innsbruck) Gasthöfe und Pensionen. Sessellift (in zwei Sektionen) zum Roßkogel.

Unterkunft: *Erfurter Hütte* (1831 m), Deutscher Alpenverein, neben der Bergstation der Rofan-Seilbahn (von Maurach). Betten und Matratzenlager. Bewirtschaftet von Pfingsten bis Mitte Oktober. Von Maurach 2¼ Stunden.

Neben der Erfurter Hütte steht das private *Berggasthaus Rofan* mit Betten und Matratzenlager.

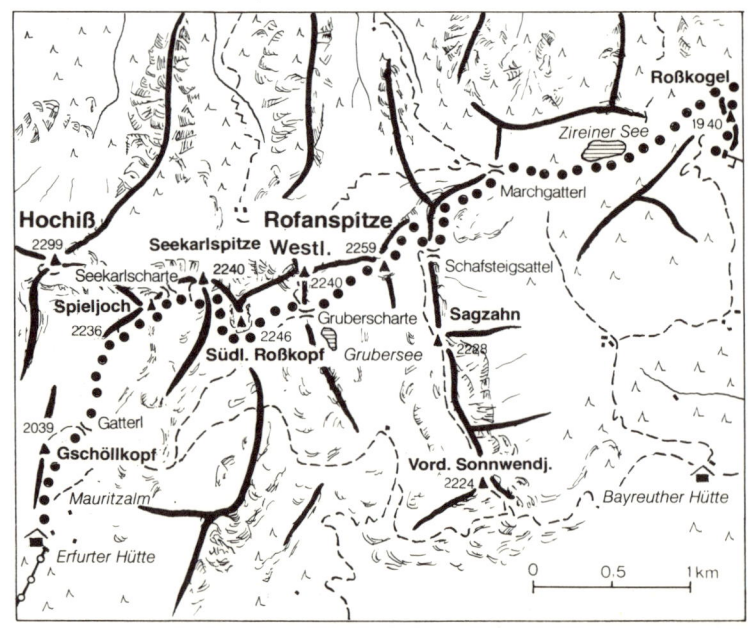

Alpbachtal

Ein Tiroler Kleinod

Das Alpbachtal ist ein südliches Seitental des Unterinntals zwischen den Zillertalern und den Kitzbüheler Alpen. Es zweigt bei Brixlegg ab und gehört alpingeographisch zu den Kitzbüheler Alpen beziehungsweise bildet deren westlichen Teil. Ursprünglich war das Tal im Besitz des bayerischen Klosters Seeon am Chiemsee. Die Besiedelung erfolgte im 8. und 9. Jahrhundert. Zwischen dem 15. und 16. Jahrhundert gelangten die Einwohner zu Reichtum und Ansehen, denn unter den Fuggern wurden Kupfer und Silber abgebaut; Stollenreste sind noch auf der Ostseite der Gratlspitze übriggeblieben. Später, als die Bodenreichtümer weitgehend erschöpft waren, widmeten sich die ehemaligen Bergknappen in zunehmendem Maß der Landwirtschaft. Und heute spielt die Viehzucht neben dem Fremdenverkehr die größte wirtschaftliche Rolle.

Erst nach dem letzten Krieg wurde das an Naturschönheiten so reiche Tal international bekannt, als ein Innsbrucker Universitätsprofessor die Internationalen Hochschulwochen in Alpbach ins Leben rief. Dieses sogenannte Europäische Forum tagt alljährlich im August; Gelehrte, Politiker und Künstler versammeln sich im Paula-von-Preradović-Haus zu Vorträgen und Diskussionen.

Die einheimische Bevölkerung gilt als außergewöhnlich musikalisch (Jodlergruppen und Harfenspiel) und besitzt eine hohe Wohnkultur. Alpbacher Bauernmöbel sind weit und breit in Tirol und darüber hinaus bekannt; in den Trachten spiegelt sich eine bäuerlich hochentwickelte Volkskunst. Das Alpbachtal ist eine Welt für sich geblieben, ein Kleinod, und hat es deshalb im besonderen Maß verdient, hier so ausführlich vorgestellt zu werden. Sitte und Brauchtum unterscheiden sich von denen der Nachbartäler, wenn auch die neue Zeit — wie überall im Land — ihre deutlichen Spuren hinterlassen hat.

Gesäumt wird das Tal von zahlreichen Gipfeln. Der Große Galtenberg ist mit 2425 Meter der höchste unter ihnen. Am Wiedersberger Horn und am Schatzberg tummeln sich im Winter die Skibegeisterten auf den Pisten, während auf dem Kamm vom Schatzberg zum Großen Beil passionierte Ski-Tourenläufer ein stilles Revier vorfinden.

Die in der Folge geschilderte Wanderung verläuft ausnahmsweise nicht über die Höhen, sondern führt durch die Mittellagen. Denn nur auf diese Weise gelingt es, das Alpbachtal in seiner ganzen Vielseitigkeit zu erleben: Menschen, Brauchtum, Naturschönheiten — getreu dem Ausspruch von Manfred Hausmann: »Wir sollten nicht vergessen, daß auch kleine und kleinste Dinge zu den Kostbarkeiten gehören können. Vielleicht sind gerade sie die kostbarsten Kostbarkeiten.«

In *Alpbach* eingetroffen, sehen wir uns zunächst den Ort mit seinen stilechten, sonnenverbrannten Häusern an; zweifelsohne ist es eines der malerischsten Dörfer im ganzen Tiroler Land.

Die Atmosphäre ist anheimelnd, urgemütlich. Bei der Kirche schultern wir den Rucksack. Der erste Teil des Höhenwegs führt nach Inneralpbach und nimmt etwa 1¼ Stunden in Anspruch.

Vom Sportgeschäft Lederer ostwärts zum Hotel Alpbacher Hof. Kurz danach auf einem Fahrweg abwärts zum Mühlbach und hinauf zu den Höfen von *Stoffen*. Als Besonderheit fällt auf, daß den First der Häuser eine »Hungerglocke« ziert. Ihr Bimmeln holte früher das Gesinde von der Arbeit auf den Feldern zum Essen.

Auf der anderen Talseite erhebt sich das Wiedersberger Horn, und unten neben der Talstraße rauscht die Alpbacher Ache. Beim Haus Nummer 96 nicht bergab, sondern ein Stück links, dann rechts weiter auf dem breiten Weg, der gelb-rot markiert ist. Prächtig der Blick auf den im Talhintergrund aufragenden und das Tal imposant abschließenden Großen Galtenberg.

Wir kommen durch die Gehöfte von *Großmoos* und *Stettau*. An den Hauswänden ist das Holz für den Winter fein säuberlich hochgeschichtet. Über der Tür ein Kruzifix. Im Halbdunkel des Stadels gähnt eine Katze; Hühner rennen aufgescheucht über den Weg. Die Bäuerin grüßt uns, als wären wir alte Bekannte.

In *Rading* wird man auf ein Teersträßchen gezwungen. Die Volksschule bleibt zurück. Gleich nach der unteren Rechtskurve wenden wir uns links zum Holzsteg über die *Alpbacher Ache* und sind in *Inneralpbach*, der letzten Ansiedlung im Tal. Wer Lust dazu hat, hält Einkehr im Wiedersberger Hof. Ganz unermüdliche Wanderer planen auch noch den Großen Galtenberg ein. Ein lohnendes Ziel, denn er gehört zu den berühmten Aussichtsbergen der Ostalpen — 1826 von Thurwieser erobert —; seine Besteigung erfordert jedoch gute 4 Stunden Aufstieg. Rechnet man dazu noch den Rückweg, dürfte das im Rahmen der Wanderung doch zuviel sein.

Für den Weg auf den Großen Galtenberg nimmt man am besten ein anderes Wochenende: Wiederkommen möchte sicher jeder, der einmal seine stille Liebe zum Alpbachtal entdeckt hat.

In Inneralpbach überschreiten wir auf einer Brücke den *Greitbach*. Links ginge es in 20 Minuten zur hübsch gelegenen Jausenstation Bredow. Wir folgen rechts einem Fahrweg. Nach dem letzten Haus führt ein Wiesenpfad in 5 Minuten zum Gehöft *Inner-Ache*. Von ihm aus sehen wir im Osten den schwach gewölbten Kamm zwischen Schatzberg und Saupanzen, der das Tal vor den kalten Winden schützt. Eine Tafel am Haus zeigt dem Wanderer den Weg in Richtung Alpbach.

Auch hier ist die Route gelb-rot markiert. Gemütlich schlendern wir auf saftigen Weidewiesen durch den Nordosthang des Wiedersberger Horns und kommen an den Höfen *Außer-Ache*, *Inner-Kafner* und *Außer-Kafner* vorbei, seit Generationen stolzer Besitz eines urwüchsigen Bauernschlags aus Tirol.

Alpbach wird sichtbar, überragt von der zerklüfteten Gratlspitze. Schließlich sind wir erneut auf eine schmale Straße angewiesen. Sie leitet uns zum *Hof Oberhaus*, bei dem rechts ein geteerter Güterweg abwärts führt. An seinem Ende erklärt erneut eine Tafel den Weiterweg: Geradeaus, entlang einer Materialseilbahn und in Kehren durch den Hangwald hinunter zu einem Holzsteg über die *Alpbacher Ache*.

Auf der Talstraße geht es etwa 100 Meter rechts, dann scharf links und ein letztes Mal bergan, wobei der grüne Spitzturm

der Kirche die letzten 20 Minuten der Wanderung nach Alpbach weist.

Touristische Angaben

Unschwierige Wanderung, Halbtagesspaziergang auch für ältere Leute. Effektive Gehzeit: 2¾ bis 3 Stunden. Insgesamt zu bewältigende Steigung: etwa 250 Meter. Günstigste Jahreszeit: Anfang Mai bis Ende Oktober. Einkehrmöglichkeit unterwegs nur in Inneralpbach. Der Wegverlauf ist teilweise im Detail geschildert, weil dies die erste zusammenfassende Beschreibung überhaupt ist. Von Inneralpbach verkehren Postbusse mit Alpbach.

Talort: *Alpbach* (973 m), Hauptort des gleichnamigen Tals und eines der sehenswertesten Bergdörfer in Tirol, 10 Kilometer von Brixlegg (nächster Bahnhof) im Inntal zwischen Wörgl und Jenbach. Hotels, Gasthöfe, Pensionen. Gute Busverbindungen mit Brixlegg; Haltestelle in Alpbach beim Hotel Böglerhof. Sehenswürdigkeiten: Pfarrkirche St. Oswald (1726 geweiht). Alte Häuser, Trachten.

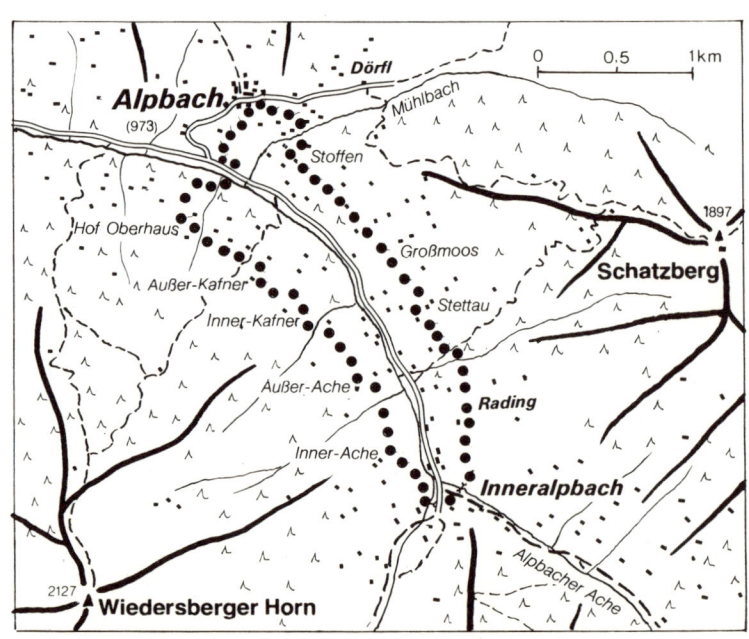

Pendlingkamm

Höhenweg über dem Inntal

Im Anschluß an das Rofan erstreckt sich jenseits der Brandenberger Ache ein langer Bergkamm in nordöstliche Richtung parallel zum Inntal zwischen Kramsach und Kufstein. Er beginnt am Voldöppberg und endet beim Pendling, der jedem Kufsteinbesucher sofort ins Auge fällt und auf dem vom Tal aus sogar das Kufsteiner Haus zu erkennen ist. Dieser Kamm gehört zu den sogenannten Brandenberger Alpen, dem wohl unbekanntesten Teil der Tiroler Alpen — gar nicht weit entfernt vom industriereichen Inntal mit seinen stark frequentierten Verkehrswegen auf Schiene und Straße.

Es ist eine vergessene Landschaft, eher mittelgebirgsähnlich als hochalpin, durchsetzt von sonnigen Terrassen. Buchstäblich ein Revier für Pfadfinder, denn nicht überall ist der Weg vorgeschrieben. Mancher Steig muß ohne Markierungen gefunden werden. Ganz so einfach ist die Tour also nicht, obwohl die Gipfelhöhen nur zwischen 1500 und 1700 Meter liegen.

Die Überschreitung des gesamten Kamms stellt eine stramme Zweitagestour dar. Und wer von Kramsach nach Brandenberg zu Fuß aufsteigt, muß — ob er will oder nicht — unterwegs schon zweimal nächtigen. Diese Umstände sind aber gleichzeitig auch eine Garantie für willkommene Einsamkeit. Nicht weit von der Höhenroute entfernt lockt die einzige Eishöhle Tirols. Ihre Ausdehnung beträgt 120 Meter; der tiefste Punkt liegt 34 Meter tiefer als der Eingang. Sie gliedert sich in einen großen Raum, den »Eisdom«, und einen kleineren, der mehr Gesteinsbildungen — Stalagmiten und Stalaktiten — aufweist. Uneingeschränkte Attraktion ist ein 16 Meter hoher Eiszapfen. Über einen Holzsteg mit Geländer kann fast die ganze Höhle gefahrlos begangen werden. Allerdings ist sie nur jeweils an Samstagen und Sonntagen sowie an Feiertagen zugänglich.

Wenn Sie von *Kramsach* mit dem Bus zur Höhe von *Brandenberg* fahren, entfallen runde vier Stunden Gehzeit, von denen allein drei Stunden Aufstieg sind: beim Gasthaus Ascher, noch besser aber erst an der Haltestelle Obergründl aussteigen. Grüne Täfelchen leiten sicher zum Gasthof Kink.

Wer trotz dieser Erleichterungen zu Fuß von Kramsach über den Voldöppberg nach Brandenberg geht, hält sich an die Beschreibung im Führer (siehe Anhang).

Gemeinsamer Ausgangspunkt für die Fortsetzung der Tour ist der *Gasthof Kink*, Haus Nummer 114 der weit über die Höhen zerstreuten Ortschaft Brandenberg. Vom Gasthof zieht sich ein breiter Weg zur Höhe. Am nächsten Hof links vorbei in den Wald. Von den Hütten der *Jocher Alm* sind es dann nur noch 35 Minuten auf den *Heuberg*, mit 1746 Meter die höchste Erhebung des Kamms. Im Norden sehen wir als herausragende Berggestalt das Hintere Sonnwendjoch; im Süden begeistert das Panorama der Zentralalpen vom Großglockner bis zu den Stubaiern.

Ein Sattel trennt uns vom benachbarten, nur drei Meter niedrigeren *Plessenberg*. Noch haben wir rote Markierungszeichen. Absteigend über Schrofengelände und durch Latschen. Im weiteren Verlauf wird die Wegführung streckenweise ziemlich schwierig, und nicht überall sind die gewohnten Farbkleckse vorhanden. Um nicht falsch zu gehen, halten Sie sich am besten an den im Anhang genannten Führer von Alois Haydn, in dem die Route bis ins Detail beschrieben ist.

Die Hütten der Ascheralm lassen wir links unten liegen; die Kuppe des Nachbergs (1548 m) wird in ihrer Nordwestseite traversiert. Ab der *Nachbergalm* muß man eine Zeitlang ohne Weg auskommen. Dafür ist der Reispalbach wegweisend. Im Sinn des Abstiegs halten wir uns an sein linkes Ufer, stoßen aber schon bald wieder auf Pfadspuren. Unten erwartet uns eine reizvolle Lichtung, das *Schusterloch*.

Das *Buchacker-Alpengasthaus* wird sichtbar. Etwa 40 Minuten sind es noch bis dorthin. Vom Gasthaus ist ein Abstieg ins Tal nach Mariastein möglich. Der Höhenweg führt hinauf zu den Hochflächen der Hundsalm. Hier können wir den angezeigten und in jedem Fall lohnenden Abstecher zur *Eishöhle* machen.

Nächstes Gipfelziel ist das 1645 Meter hohe *Köglhörndl*, das wir etwa 1½ Stunden nach der Hundsalm erreichen. Über die freie Kuppe führt der Weg hinweg und senkt sich zum *Höhlensteinhaus*. Auch hier könnte die Höhenwanderung

*Blick auf die Kufsteiner Festung. Im Hintergrund erhebt sich
der charakteristisch abgeflachte Pendling.*

*Seite 108   Kufsteiner Haus; im Hintergrund ein Teil des
Zahmen Kaisers.*

durch Talabstiege abgebrochen werden. Daran sollte man
aber gar nicht erst denken. Schließlich trennen uns nur noch
2 Stunden vom Pendling beziehungsweise 4 Stunden vom
weinseligen »Auracher Löchl« in Kufstein.

Um die Südseite des Jochkopfes herum und an der *Jochalm*
vorbei; die Markierungen erlauben wieder ein beschauliches
Wandern. Bei der *Kaler Alm* halten wir uns rechts. Im In-
dustriedunst des Inntals zeichnen sich Fabrikanlagen und
Hochhäuser ab, zwischendrin schimmert das Band der Auto-
bahn. Für Natur ist dort unten kein Platz mehr geblieben.
Vom *Mittagkopf* schlendern wir fast eben hinüber zum
Pendling (1563 m), einer natürlichen Trutzburg über dem
Inndurchbruch und hoch über Kufstein. Ein großartiges Al-
penpanorama bietet sich. Nicht minder eindrucksvoll ist die
Rundumsicht vom *Kufsteiner Haus* etwas unterhalb des
Gipfels.

Vom Pendling wird endgültig abgestiegen. Zunächst in Richtung Vorder-Thiersee; nach 20 Minuten rechtshaltend und
in weitem Bogen in das *Dreibrunnenjoch*. Auf die Südostseite des Kamms und durch ein bewaldetes Tal vollends hinunter zum *Stimmersee*, an dessen Ufer links ein Weg zum
nahen Badeplatz führt. Ein Sprung ins Wasser bedeutet an
heißen Tagen einen herrlich kühlen Abschluß der Tour! Der
Gasthof Stimmersee lädt ein. Und ein kurzes Stück unterhalb des Gasthofs halten die Bundesbahnbusse in Richtung
Kufstein und Wörgl.

Touristische Angaben

Mehrtägige Wanderung, deren mittlerer Teil eine gute
Orientierungsgabe erfordert. Effektive Gehzeit Brandenberg—Kufstein: 15 bis 16 Stunden. Insgesamt zu bewältigende Steigung: etwa 2100 Meter. Günstigste Jahreszeit:
Mitte Mai bis Oktober.

Talorte: *Kramsach* (535 m), Fremdenverkehrsort unweit der
Mündung der Brandenberger Ache in den Inn. Regelmäßige
Busverbindungen mit Rattenberg und Brixlegg (nächste
Bahnhöfe). Gasthöfe, Pensionen.

Brandenberg (919 m), hochgelegenes Feriendorf in den Brandenberger Alpen, 8 Kilometer von Kramsach (Busverbindungen). Gasthöfe und Pensionen. Zu Fuß von Kramsach (über
den Voldöppberg) etwa 4½ Stunden.

Kufstein (503 m), österreichische Grenzstadt am Inndurchbruch zwischen Wildem Kaiser und Pendling. Gute Bahn-
und Busverbindungen. Hotels, Gasthöfe, Pensionen, Jugendherberge, Zeltplatz. Sehenswürdigkeiten: Festung Kufstein
mit Heldenorgel und Heimatmuseum, Pfarrkirche St. Veit.
Unterkünfte: *Buchacker* (1445 m), privater Alpengasthof auf
dem Pendlingkamm. Betten und Matratzenlager. Bewirtschaftet von Anfang Mai bis Ende Oktober. Von Brandenberg (letzter Bushalt) etwa 5 Stunden.

Höhlensteinhaus (1201 m), privat, am Feuerköpfl des Pend-
lingkamms. Betten und Matratzenlager. Bewirtschaftet von
Anfang Mai bis Ende Oktober. Vom Buchacker nicht ganz
4 Stunden.

Kufsteiner Haus (1537 m), privat, nordöstlich etwas unterhalb des Pendlinggipfels in großartiger Aussichtslage. Betten und Matratzenlager. Bewirtschaftet von Anfang Juni bis
Ende September. Vom Höhlensteinhaus etwa 2 Stunden.

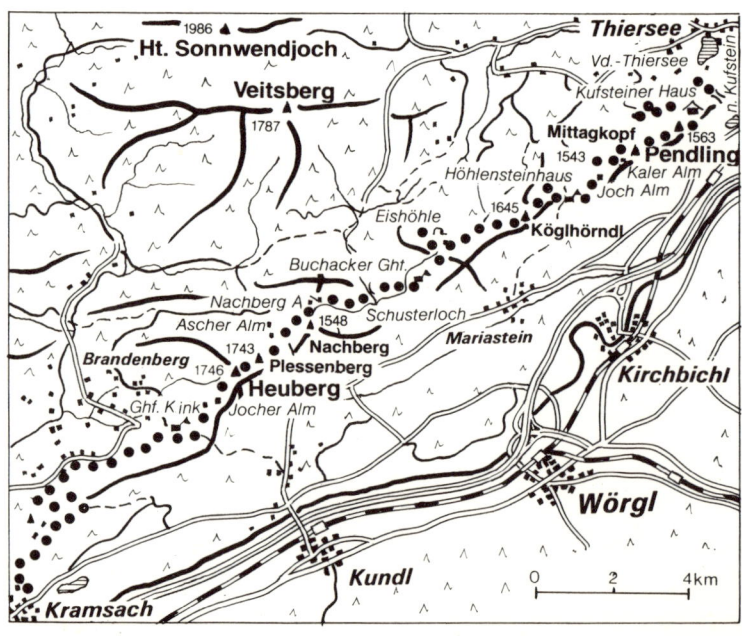

Wilder Kaiser

Höhenweg auf der Südseite

Der Wilde Kaiser, ein beliebtes Tourengebiet der Münchner, gehört zu jenen Bereichen der Nördlichen Kalkalpen, in denen sowohl Wanderer als auch Kletterer voll auf ihre Kosten kommen.

Zwischen der Maukspitze im Osten und dem Scheffauer im Westen breiten sich die Sonnenlehnen des Kaisers aus. Der Bergwald ist von Almwiesen durchsetzt, hie und da steht eine Almhütte, und darüber leuchtet heller Kalk. Die einzige größere Unterbrechung des Kamms bildet das Ellmauer Tor, U-förmig eingelagert zwischen Karlspitze und Goinger Halt. Zwischen Ellmauer Tor und Scheffauer zieht sich ein überaus genußvoller Höhenweg dahin, gewissermaßen das Gegenstück zur Höhenpromenade von der Vorderkaiserfeldenhütte zum Stripsenjoch. Als Tagestour gedacht, kann die Wanderung beliebig »ausgebaut« werden, indem man den einen oder anderen Gipfel besteigt oder beim Hintersteiner See einen Badetag dazulegt. Dann muß allerdings eine Übernachtung eingeplant werden. An Unterkünften besteht, vor allem am Beginn der Wanderung, kein Mangel.

Nehmen wir als Auftakt die *Gaudeamushütte*, die gute, alte »Gaude«, von Hansjörg Hochfilzer bestens bewirtschaftet. Bei der Hütte ist vom Wilden Kaiser noch nicht viel zu sehen. Man muß schon weiter ansteigen ins Kübelkar, auf einem guten Weg, der über weite Strecken durch Latschen verläuft. Wenn es da heiß ist, kann das Wandern zur Qual werden! Als Belohnung erwartet uns die Vordere Karlspitze mit ihrer plattenglatten, nur von feinen Rissen durchzogenen Ostwand. Rechts drüben sehen wir den hornartig geformten Bauernpredigtstuhl, den »Bauernspitz« der Kletterer.

Wer noch nie im Ellmauer Tor war, sollte unbedingt das restliche Stück hinaufsteigen. Das *Ellmauer Tor* ist für mich ein unvergleichlicher Platz: hinreißend der Blick in die Fleischbankwände, zu den Pfeilerbauten des Predigtstuhles — Formvollendung im Fels. Vor uns die Steinerne Rinne, eine grandiose Geröll- und Felsschlucht mit überdimensionalen Ausmaßen. Und wer schon hier Gipfelgelüste fühlt: Zur 2243 Meter hohen Hinteren Goinger Halt sind es nur 10 Minuten. Vom Ellmauer Tor ist auch ein Übergang zum Strip-

senjochhaus möglich (siehe Trenker/Dumler, Die schönsten Höhenwege der Ostalpen), doch würde dieser Abstecher den Rahmen unserer Höhentour sprengen.

Nächstes Ziel ist die Gruttenhütte. Sie kann von der Gaudeamushütte direkt angegangen werden, in 1 Stunde durch das »Klamml«. Abwechslungsreicher, aber auch schwieriger ist der *Jubiläumsweg* aus dem Kübelkar durch das sogenannte *Wilde Gschloß*, eine abenteuerliche Felslandschaft. Vorsicht bei Gewittern und starkem Regen. Wenn dann noch Nebel einziehen, wird es dort unheimlich.

Von der *Gruttenhütte* geht der Blick in den Süden zu den Firnfeldern der Glockner- und Venediger-Gruppe und auf die Zillertaler Alpen. Zu unseren Füßen liegen die grünen Weitungen des Tals, die Zwiebeltürme der Ortschaften sind zu sehen und dahinter walddunkle Berghänge, Teile der Kitzbüheler Alpen. Zur Ellmauer Halt, mit 2344 Meter der höchste Kaisergipfel, sind es von der Hütte etwa 2½ Stunden. Der Aufstieg ist allerdings kein Spaziergang, zwischendurch müssen die Hände in den Fels greifen; wo es schwieriger zu werden scheint, sind Drahtseile angebracht.

Bei der Gruttenhütte beginnt der eigentliche *Kaiser-Höhenweg*, wie wir ihn nennen wollen: In südwestliche Richtung durch die ausgedehnte Mulde des Gruttens und zu Füßen der schroffen Wände von Kaiserkopf und Treffauer abwärts. Der Treffauer ist einer der Berge, die praktisch am Weg stehen (sämtliche Anstiege ausführlich im Alpenvereinsführer). Wir kommen auf die Südseite des Tuxecks, das mit dem Treffauer durch einen Grat verbunden ist. Der Weg bleibt in einer Höhe zwischen 1300 und 1500 Meter. Zur Rechten wechseln die Felsbilder in rascher Reihenfolge. Aus dem Wegscheidgraben muß kurz angestiegen werden, nur eine knappe Viertelstunde. Die roten Farbtupfer auf den Steinen leiten durch Krummholz, traversieren Gräben, Rippen und Kare.

Etwa 2½ Stunden nach der Gruttenhütte sind wir bei der *Kaiser-Hochalm*, einem entzückenden, scheinbar weltentrückten Erdenflecken. Von hier ist es möglich, über die Steiner-Niederalm geradewegs nach Scheffau abzusteigen. Wir wollen den Genuß der Höhe aber noch eine Weile auskosten!

111

Durch das kleine Sonnensteinkar in westliche Richtung und den Gaisgraben queren. Bei einem Zaun zweigt rechts der übliche Südanstieg zum Scheffauer ab, zu dessen Gipfel (2111 m) es ungefähr 2½ Stunden wären.

Nun fällt der Weg endgültig. Nach einiger Zeit bietet sich ein schöner Blick auf den Hintersteiner See. Almen bleiben zurück. Im lichten Hochwald geht es stetig abwärts zur kleinen Kirche von *Bärnstatt*. Unweit der Kirche ein Gasthof. In Bärnstatt trennen uns 20 Minuten vom *Hintersteiner See*. Wer nicht auf der Straße nach Scheffau marschieren möchte, nimmt sich beim Seestüberl ein Taxi. Die 20 Schilling pro Person müßten eigentlich schon noch drin sein! Sonst ist man auf die Straße angewiesen, und auf ihr macht das Wandern erfahrungsgemäß keinen großen Spaß.

Touristische Angaben

Tageswanderung; mit Ausnahme des Jubiläumssteigs keine Schwierigkeiten. Effektive Gehzeit (ab Gaudeamushütte): 5 bis 6 Stunden. Insgesamt zu bewältigende Steigung (ab Gaudeamushütte): etwa 600 Meter. Günstigste Jahreszeit: Anfang Juni bis Ende September. Von Scheffau Busverbindungen mit Ellmau.

Talorte: *Ellmau* (804 m), Fremdenverkehrsort auf der Südseite des Wilden Kaisers zwischen St. Johann und Wörgl bzw. Kufstein. Gute Busverbindungen. Gasthöfe, Pensionen.

Scheffau (752 m), Bergdorf auf der Südseite des Wilden Kaisers. Abzweigung von der Staatsstraße 312 (St. Johann—Wörgl) in Blaiken. Gute Postbusverbindungen, Haltestelle bei der Kirche. Gasthöfe, Pensionen.

Unterkünfte: *Gaudeamushütte* (1263 m), Deutscher Alpenverein, auf der Südseite des Wilden Kaisers am Auslauf des Kübelkars. Betten und Matratzenlager. Bewirtschaftet von Anfang Juni bis Ende September. Von der Wochenbrunner Alm ¾ Stunden (Fahrsträßchen von Ellmau), von Ellmau 1½ Stunden.

Gruttenhütte (1620 m), Deutscher Alpenverein, in aussichtsreicher Lage auf der Südseite des Wilden Kaisers. Betten und Matratzenlager. Bewirtschaftet von Mai bis November. Von Ellmau 2½ Stunden, von der Wochenbrunner Alm 1¾ Std.

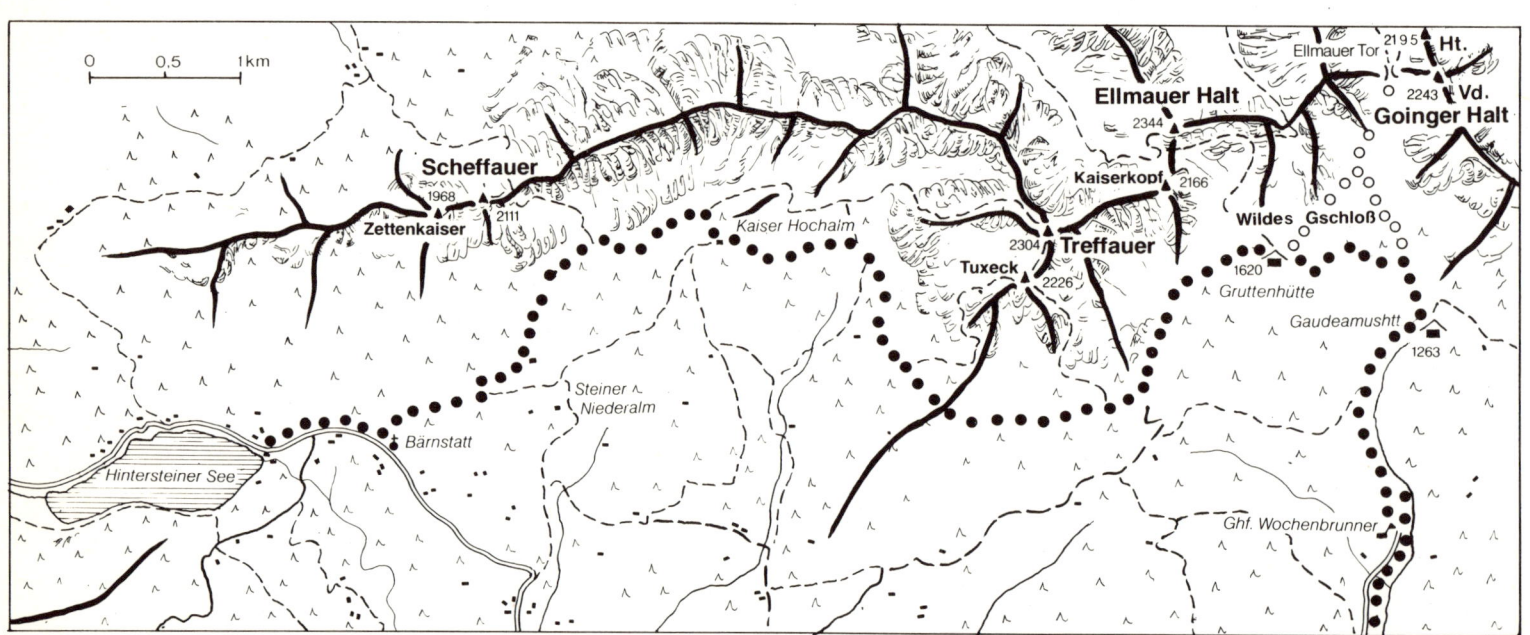

Während des Aufstiegs vom Stripsenjochhaus zum Feldberg
beherrscht das Totenkirchl das Blickfeld. Links davon das
Schneeloch und darüber die Karlspitze. Rechts einige Zacken
des Kopftörlgrats.

Wilder Kaiser

Kammwanderung über dem Kaiserbachtal

Vom Kaiserbachtal, über 1000 Meter tief in den Bergen eingelagert, geht eine gelassene Erhabenheit aus. Beherrscht wird es von den Nordabstürzen des Ostteils des Wilden Kaisers. Dort öffnen sich entlegene Hochkare, wo sich Fuchs und Hase gute Nacht sagen. Das ist eine Seite des Tales, die südliche. Nördlich schiebt sich ein langgezogener Kamm in Form eines Halbkreises zwischen Wilden und Zahmen Kaiser. Dieser Kamm setzt im Stripsenjoch an und schwenkt bald in Ostrichtung ein. Die Gipfelpunkte, jeder eine Rastkanzel für sich, tragen zwar für Kaiserbegriffe keine wohlklingenden Namen, dafür sind sie allesamt auf Wanderpfaden zu erreichen. Und das ist für den Wilden Kaiser schon etwas außergewöhnlich. Über diesen Kamm verläuft unser Höhenweg, der immer wieder die herrlichsten Ausblicke freigibt und der abseits der vielbegangenen Wege hoch über dem Kaiserbachtal liegt.

Das Kaiserbachtal mündet bei der *Griesenau* ins Tal des Kohlenbachs, früher eine gottverlassene Gegend, durch die nur gelegentlich ein Fuhrwerk rumpelte. Der Gasthof inmitten der Talweitung ist in seinen Ursprüngen schon bald tausend Jahre alt, wie mir der Wirt stolz erzählte. Seit die Straße durchgehend asphaltiert ist, kommen immer mehr Touristen. Die meisten von ihnen biegen ins Kaiserbachtal ein und fahren zur Fischbachalm oder Griesener Alm. Wir lassen das Fahrzeug am besten in der Griesenau stehen, weil man beim Rückweg wieder hierher kommt.

Beim Mauthäuschen nimmt uns das *Naturschutzgebiet Kaisergebirge* auf. Gute 5 Minuten auf dem Sträßchen taleinwärts zur Brücke über den Kaiserbach. Davor zweigt links der Alpenvereinsweg 801 ab (auf der Karte nicht eingezeichnet!), auf dem es etwa 1½ Stunden zur Griesener Alm sind. Schneller erreicht man den Alpengasthof, wenn man sich von einem Auto mitnehmen läßt, was an Wochenenden und in der Ferienzeit kein Problem ist.

Über der *Griesener Alm* steht die gewaltige Nordwand des Mitterkaisers mit ihrer gähnenden, wasserüberronnenen Preußschlucht, auch »Griesenerkamin« genannt. Der Ausflugsverkehr bleibt zurück. Wir steigen an zur Russenleiten, wo links der Steig ins Griesenerkar abzweigt. Nach einiger Zeit führt unser Weg unter der Steinernen Rinne vorbei. Zum Schluß etliche Serpentinen, und wir sind beim *Stripsenjochhaus*, einem großen Unterkunftshaus, das an schönen Wochenenden meist überbelegt ist.

Die schöne Aussicht vom Haus aus wird noch umfassender, wenn man zum Tavonarakreuz, ein Stück oberhalb der Hütte, steigt. Eine weitere Steigerung kann erleben, wer den Weg zum *Stripsenkopf*, allerdings 35 Minuten vom Haus, geht. Für uns spielt das keine Rolle, denn der Stripsenkopf liegt am Höhenweg. Vom Pavillon bietet sich der aufschlußreichste Blick in die Nordwände des Totenkirchls: ein Kamin neben dem anderen, Risse, kleinere Schluchten. Und überall dort verlaufen Kletterrouten in den verschiedenen Schwierigkeitsbereichen. Links vom »Kirchl« das Schneeloch, ein lichtloser Winkel, über dem sich die Nordwand der Karlspitze aufbaut. Im Anschluß daran die Fleischbank mit ihrem langgestreckten Nordgrat und jenseits der Steinernen Rinne der hornartige Predigtstuhl, der uns seine elegante Nordkante im Profil zeigt. Rechts des Totenkirchls, im Hintergrund, türmen sich die Zacken des Kopftörlgrats.

Über den Nordostgrat des Stripsenkopfes in knapp 10 Minuten hinunter zur Stelle, wo ein anderer Weg von der Hütte hochkommt. Wir können auf die roten Markierungen vertrauen. Der Verbindungsgrat ist breit und mit Latschenbüschen durchsetzt. Kurzes Verweilen an der *Frankenländernadel*, einem Felsturm, der mit Hilfe komplizierter Seilmanöver erstiegen werden kann. Den Felskopf des Tristekken besteigen wir nicht, sondern umgehen ihn in seiner Südostflanke. Es folgt eine weitere Einsattelung, aus der Pfadspuren zum 1813 Meter hohen Gipfel des *Feldkopfes* leiten. Nun haben wir Einblicke in die Steinerne Rinne, das Herz des Wilden Kaisers, und ins wilde Griesenerkar. Im Nordwesten steht der Zahme Kaiser, hinter dem das Inntal liegt. Ab dem Feldkopf gilt für uns die Ostrichtung. Die Wanderung bleibt auf dem latschenbedeckten Kamm, der zum *Scheibenbühelberg* abfällt. Es geht über einige grasige Kuppen hinweg; die größte wird links umgangen. Unten im Kaiserbachtal liegt die Fischbachalm und uns direkt gegen-

Oberhalb vom Stripsenjoch. Rechts der Predigtstuhl,
dann Mitterkaiser und Lärcheckspitze.

Seite 118   Ausblick von der Unteren Scheibenbühelalm
auf Lärcheckspitze (links) und Goinger Halt.

über das Kar zwischen Mitterkaiser und der Lärcheckspitze. Bei der *Oberen Scheibenbühelalm* haben wir etwa 2¼ Stunden hinter uns. Die nächste Kuppe wird im obersten Teil rechts umgangen. Danach nicht zu weit links in die Schrofen, sondern rechts zum Waldrand. Ab hier geht es nur noch abwärts. Die *Untere Scheibenbühelalm* liegt am Weg. Zeitlich gesehen kann man sich hier unbesorgt eine Rast leisten, denn zur Griesenau ist es nur noch etwas mehr als eine ¾ Stunde. Der Abstieg ist steil und geht in die Knie. Der Pfad führt geradeaus durch den lichten Wald, nur im unteren Teil zwei Schleifen, dann empfängt uns das Kaiserbachtal wieder, und kurz darauf sind wir beim *Gasthof Griesenau.*

Touristische Angaben

Unschwierige Tageswanderung. Effektive Gehzeit ab Griesenau: 6½ bis 7 Stunden. Insgesamt zu bewältigende Steigung: etwa 1300 Meter. Günstigste Jahreszeit: Mitte Juni bis Ende September.

Bei einem Abstecher in die Steinerne Rinne beziehungsweise zum Ellmauer Tor ist mit etwa 2½ Stunden mehr Gehzeit zu rechnen (siehe Trenker/Dumler, Die schönsten Höhenwege der Ostalpen). Die beschriebene Wanderung kann ab dem Stripsenjochhaus auch im Anschluß an den auf Seite 121 vorgestellten Höhenweg gemacht werden. Allerdings ist dann die Rückkehr nach Kufstein recht umständlich.

Talort: *Griesenau* (727 m), kleiner Weiler im abgelegenen Kohlental an der Straße zwischen Kössen (11 km) und Kirchdorf (8 km) auf der Ostseite des Kaisergebirges. Gasthöfe. Postbusverbindungen mit St. Johann und Kössen.

Unterkünfte: *Griesener Alm* (988 m), privater Alpengasthof im Kaiserbachtal, 5 Kilometer von der Griesenau (Mautstraße). Betten und Matratzenlager. Bewirtschaftet von Mitte Juni bis Mitte September. Zu Fuß von der Griesenau etwa 1½ Stunden.

Stripsenjochhaus (1577 m), Österreichischer Alpenverein, auf dem Stripsenjoch nördlich des Totenkirchls. Betten und Matratzenlager. Bewirtschaftet von Anfang Juni bis Mitte Oktober. Von der Griesener Alm 1½ Stunden.

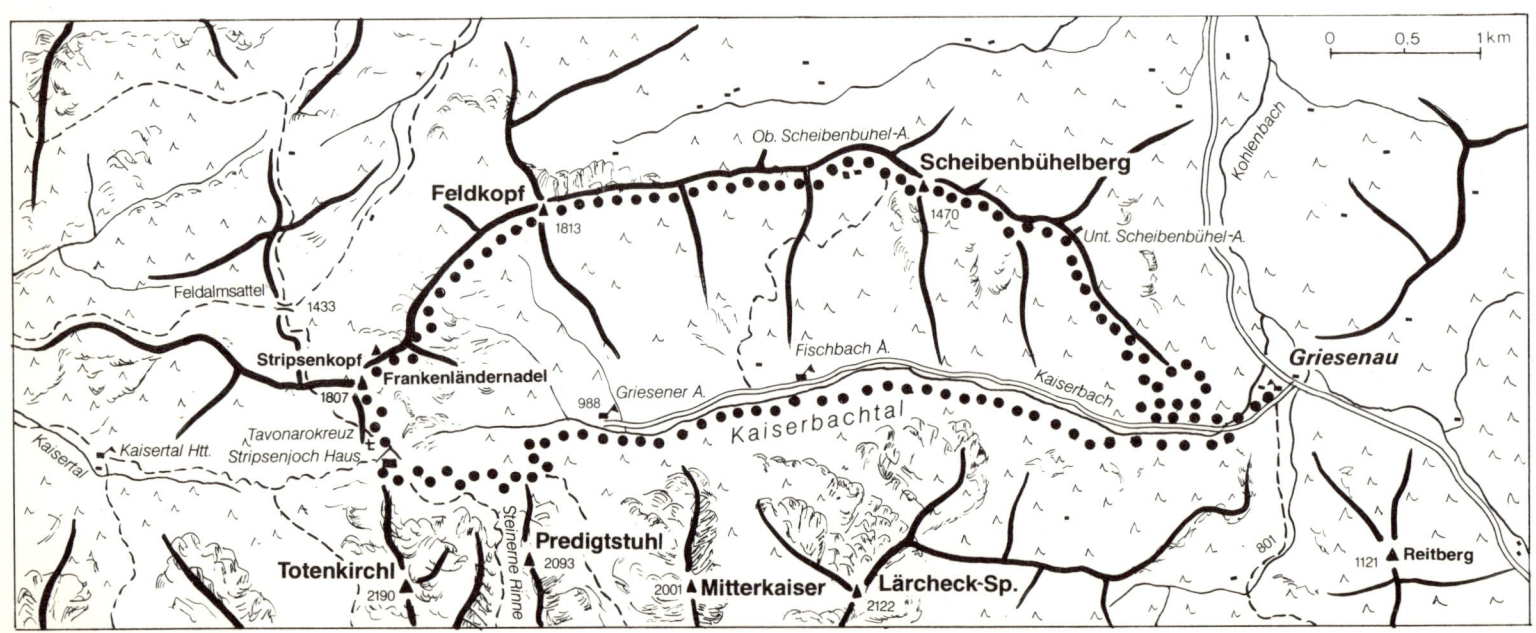

Der prächtige Pfandlhof im Kaisertal gegen Totenkirchl (von links), Karlspitze und Kleine Halt.

Seite 119 Vorderkaiserfeldenhütte. Im Hintergrund (von links) Haltstock, Scharlinger Böden, Sonneck.

Zahmer Kaiser

Logenplätze vor dem Wilden Kaiser

Der Zahme Kaiser ist der nördliche Zug des Wilden Kaisers und nicht annähernd so bekannt wie der eigentliche Wilde Kaiser. Dadurch ist der Zahme Kaiser noch nicht überlaufen. Seine Gipfelwelt ist bescheiden, es fehlen außergewöhnliche Gestalten. Die Nordseite weist felsige Steilflanken auf, die Südseite (im östlichen Teil) kaum größere Felsbildungen. Höchster Gipfel ist die Vordere Kesselschneid mit 2002 Meter. Ihrem »zahmen« Namen voll gerecht wird die Berggruppe im westlichsten Teil, einem Hochplateau, mit Gras und Latschen bewachsen, dazwischen unzählige kleine Dolinen. Der Wanderer besucht den Zahmen Kaiser vor allem wegen der unvergleichlichen Aussicht auf den Wilden Kaiser, wo er am wildesten ist und die Wände am höchsten sind. Besonders geeignet für dieses Schauerlebnis ist der Höhenweg zwischen Vorderkaiserfeldenhütte und Stripsenjoch in Hanglagen zwischen 1300 und 1500 Meter. Alpiner (und länger) gestaltet sich die Tour, wenn man zuerst über das Plateau in 2½ Stunden zur Pyramidenspitze aufsteigt und erst im Anschluß daran, nach einem Abstieg von ¾ Stunden, den Höhenweg begeht.

Erste Mühen bringt der Aufstieg von der *Sparchenklamm* ins Kaisertal. Hinter dem Parkplatz geht es übergangslos sofort stramm bergan auf der sogenannten *Sparchenstiege*, einem Serpentinenweg mit Stufen. Rechts zeigt sich zwischen den Bäumen die Geisterschmiedwand. Es ist das steilste Stück der ganzen Wanderung. Erst im *Kaisertal*, beim Gasthaus Kaiserwacht, wird es gemütlicher. Die zwei Kaiserhöfe stehen am Weg. Tief unten im felsigen Bett der Kaiserbach. Etwa 10 Minuten nach dem *Veitenhof* wenden wir uns halblinks in den Hochwald. Eine Tafel weist zur Vorderkaiserfeldenhütte. Der Weg ist breit und überwiegend schattig. Erst im Bereich der *Rietzalm* kommen wir auf freie Hänge. Noch einige Kehren, und wir sind bei der *Vorderkaiserfeldenhütte*.

Sie steht in grandioser Umgebung: Der Blick zum zentralen Kaiserkamm reicht vom Zettenkaiser im Westen bis hinüber zur Goinger Halt. Wenn man noch 5 Minuten zum Heimköpfl geht, ist auch das Inntal einzusehen.

Ein Rat: Steigen Sie am Spätnachmittag zur Hütte auf. Am nächsten Morgen ziehen wir früh los, denn sobald die Sonne in die Südhänge brennt, kann der Weg eine Tortur werden. Der Anfang des Höhenwegs sei schnell erklärt: Auf dem Herweg kurz zurück, bei der obersten Kehre links und der Tafel in Richtung Stripsenjochhaus nach. Ab hier kann die Route vorläufig nicht verfehlt werden.

Eine Lichtung erlaubt den Tiefblick auf Hinterbärenbad. Wenn wir flott vorankommen, treffen wir dort in nicht ganz 4 Stunden ein. Aber vorher gibt es noch viel zu sehen! Am Auslauf des Kars Oechselweid muß eine Viertelstunde angestiegen werden. Am frühen Morgen wandern wir im frischen, harzigen Duft von Latschen; die Kaiserwände umgibt graublauer Dunst, die Grate sind vom Licht überflutet.

An den südlichsten Ausläufern der Vorderen Kesselschneid zweigt links ein Aufstieg zur Pyramidenspitze ab. An dieser Stelle stößt man auf den Höhenweg, wenn man von der Vorderkaiserfeldenhütte die Überschreitung der Pyramidenspitze unternommen hat. Wenige Schritte danach ist bei schlechtem Wetter rechts ein vorzeitiger Abstieg nach Hinterbärenbad möglich.

Die *Kaiserquelle* bleibt zurück. Links oben liegt der Große Kessel, ein Geröllkar; etwas später taucht die Südwand des Roßkaisers auf. Nach stetem Auf und Ab senkt sich ab der *Kaiserleiten* der Weg, beschreibt eine Rechtskurve und führt zur *Hochalm* (1403 m).

Ein Gegenanstieg bringt uns in 20 Minuten über die Höhe des Ropanzen. Wir traversieren seine Ostflanke über dem Kessel der Feldalm. Hinunter in den *Feldalmsattel*. Ein letzter Aufstieg! Er zieht sich um den Westrücken des Stripsenkopfes herum. Dann stehen wir beim Tavonarokreuz: atemberaubend der Blick zum Kaiser — Totenkirchl, Fleischbank, Predigtstuhl. Zum *Stripsenjochhaus* ist es nur noch ein Katzensprung. Wenn es das Wetter zuläßt, sitzen wir im Freien und können uns an der Felsszenerie nicht sattsehen.

Der Abstieg ins Kaisertal könnte einfacher nicht sein. Nach 25 Minuten wird in einiger Entfernung die Stripsenalm passiert. Die Serpentinen scheinen kein Ende nehmen zu wollen. Das *Hans-Berger-Haus* der Naturfreunde folgt, das 1956 an

Stelle der kleinen Kaisertalhütte erbaut wurde. Schließlich erreichen wir *Hinterbärenbad*, den ältesten Bergsteigerstützpunkt im Wilden Kaiser.

Unsere Wanderung klingt im Kaisertal harmonisch aus. Der kleine Umweg über die bekannte Antoniuskapelle lohnt sich, ist landschaftlich reizvoller als der breite Holzabfuhrweg. Vertraut ist vielen bereits die sich öffnende Sicht ins Kaisertal, der Blick auf Kufstein und sein Wahrzeichen, die Festung, von der die Heldenorgel klingt.

Touristische Angaben

Unschwierige Wanderung. Effektive Gehzeit: 9 bis 10 Stunden. Insgesamt zu bewältigende Steigung: etwa 1300 Meter. Günstigste Jahreszeit: Juni bis Ende September.

Talort: *Kufstein* (503 m), österreichische Grenzstadt am Inndurchbruch zwischen Wildem Kaiser und Pendling (Brandenberger Alpen), 34 Kilometer von Rosenheim. Gute Bahn- und Busverbindungen. Hotels, Gasthöfe, Pensionen, Jugendherberge, Zeltplatz. Ausgangspunkt für das Kaisertal ist die Sparchenklamm 2 Kilometer östlich. Sehenswürdigkeiten: Festung Kufstein mit Heldenorgel und Heimatmuseum; spätgotische Pfarrkirche St. Veit.

Unterkünfte: *Vorderkaiserfeldenhütte* (1388 m), Deutscher Alpenverein, unter der Naunspitze im Südhang des Zahmen Kaisers. Betten und Matratzenlager. Ganzjährig bewirtschaftet. Von Kufstein (über den Veitenhof) 2½ bis 2¾ Stunden.

Stripsenjochhaus (1577 m), Österreichischer Alpenverein, auf dem Stripsenjoch nördlich des Totenkirchls. Betten und Matratzenlager. Bewirtschaftet von Anfang Juni bis Mitte Oktober. Von der Vorderkaiserfeldenhütte etwa 3 Stunden.

Hans-Berger-Haus (936 m), Österreichische Naturfreunde, im hinteren Kaisertal, etwa 10 Minuten vor Hinterbärenbad (beim Abstieg vom Stripsenjoch). Betten und Matratzenlager. In den Sommermonaten bewirtschaftet.

Anton-Karg-Haus (829 m), Österreichischer Alpenverein, in Hinterbärenbad im Kaisertal. Betten und Matratzenlager. Bewirtschaftet in den Sommermonaten bis Ende Oktober. Vom Stripsenjoch etwa 1¼ Stunden.

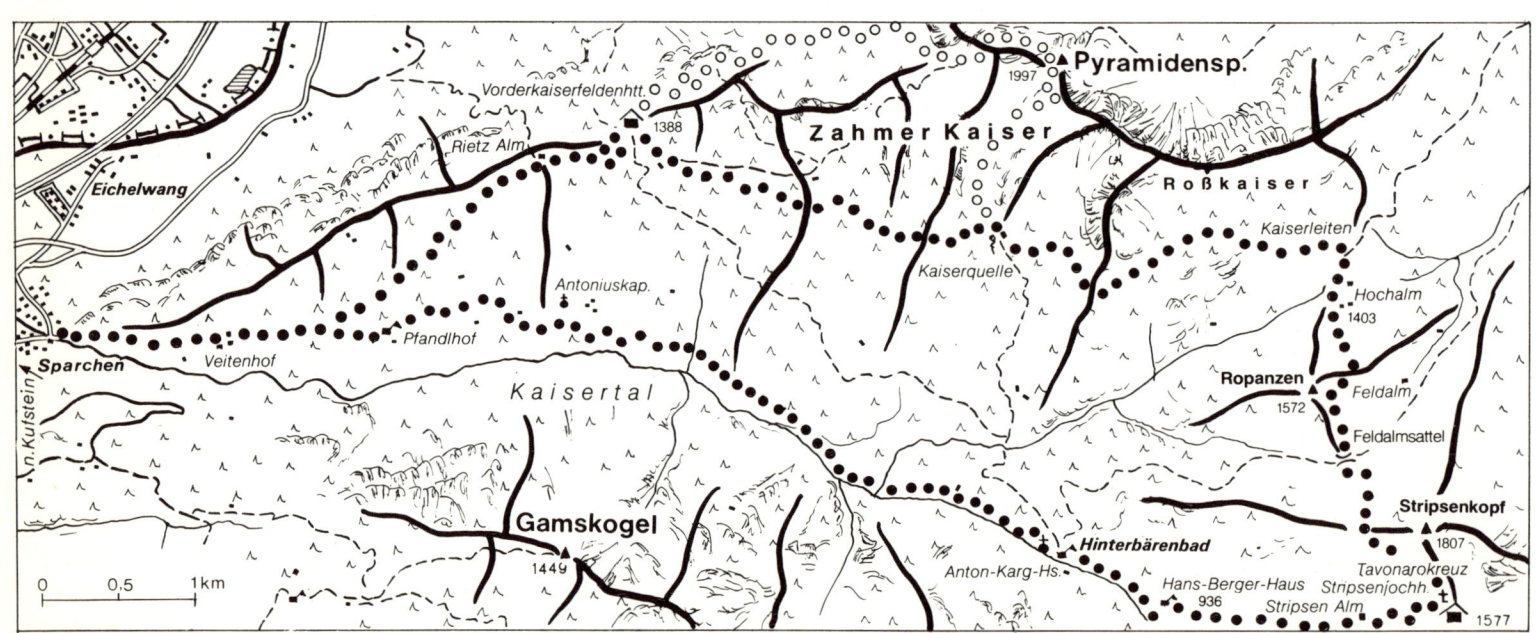

Rückblick vom Brandelberg zum Spitzstein. Der Abstieg erfolgt vom Gipfel durch die steile Felsrinne zum Schneefeld und von dort über den latschenbewachsenen Kamm.

Das hinterste Priental ist ein lieblicher Winkel. Die Straße durch das Tal von Aschau nach Kufstein wird nur wenig befahren, und so ist es dort ruhig geblieben. Früher einmal gehörte das »Amt Sachrang« dem Salzburger Bistum. Im 14. Jahrhundert kam das gesamte obere Priental zum Herrschaftsgericht Hohenaschau, bei dem es bis ins 19. Jahrhundert verblieb. Den Grafen von Preysing, Herren auf Hohenaschau, verdankt Sachrang seine Kirche aus dem 17. Jahrhundert, eine der schönsten Landkirchen aus dieser Epoche. Alte dunkelgebrannte Bauernhäuser zieren den Ort, Ausdruck stolzen ländlichen Selbstbewußtseins.

Westlich des Tals verläuft der Spitzsteinkamm, der durch ein langes Trockental von der Hochries getrennt ist. Ein Teil davon gehört schon zu Tirol. Der Spitzstein ist neben dem Hochgern einer der wenigen bedeutenden Berge im Chiemgau, die von Seilbahnen verschont geblieben sind. Sämtliche Wanderungen müssen vom Tal aus angetreten werden, sind also nichts für »Halbschuhtouristen«, obwohl die Aufstiege infolge der verhältnismäßig niederen Gipfel keineswegs »Schinder« sind, sich mitunter aber doch in die Länge ziehen. Nicht vergessen: bei Touren wie unserer Höhenwanderung im Grenzgebiet den Personalausweis oder Reisepaß mitnehmen!

In *Sachrang* finden wir überall Platz für das Fahrzeug. Der Aufstieg beginnt neben der Kirche bei einem alten Bauernhaus. Am besten, Sie legen die ersten 10 Minuten auf dem Fahrsträßchen in Richtung Mitterleiten zurück. Vor dem Sonnenlift rechts ab. »Spitzsteinhaus« erklärt eine Alpenvereinstafel. Als Wegnummer dient die 7. Es folgt ein kleines Waldstück. Links wird die Obermoosalm sichtbar. Bald nimmt die Steilheit des Geländes zu. Der Waldhang ist mit Felsen durchsetzt. Nach ¾ Stunden sind wir bei der Mesneralm. Frei schweift der Blick über das Priental hinüber zu Geigelstein und Breitenstein, die im Rahmen einer feinen Höhentour (siehe Seite 135) überschritten werden können. Und schon 1 Stunde später sind wir beim *Spitzsteinhaus* in dem mit Blöcken übersäten Südhang des Spitzsteins. Man sieht es der Hütte an, sie ist erst nach und nach

zu ihrer Größe gewachsen: Von 1904, dem Jahr der Erbauung, bis 1965, als der letzte Anbau dazukam, war es fast ein Menschenalter. Im Süden zeigt sich der Wilde Kaiser in seiner Wucht und Pracht: von links Maukspitze, Ackerspitze, Törlspitzen, Goinger Halten, der V-förmige Einschnitt des Ellmauer Tors, Fleischbank, Karlspitze (davor Totenkirchl), der gezackte Kopftörlgrat, Ellmauer Halt und Sonneck.

Der Gipfelhang ist ziemlich steil! Über 300 Höhenmeter gilt es zu überwinden. Das schaffen aber selbst Gelegenheitswanderer in knapp einer Stunde. Die Aussicht vom *Spitzstein* (1596 m) ist noch viel umfassender als die von der Hütte. Der Spitzstein ist nämlich der höchste Berg zwischen Prien- und Inntal. Genau 27 Meter höher als die Hochries im Norden, der man von hier nicht ansieht, daß ihre Nordwesthänge von einer häßlichen Seilbahnschneise durchrissen werden.

Direkt im Norden die Kuppe des Brandelbergs, unser vorläufiger Orientierungspunkt. Dahinter, sozusagen als Gratverlauf, der Zinnenberg, der Klausenberg, Predigtstuhl, Heuraffelkopf und Abereck — allesamt besteigbar, wenn man von der Klausenhütte weitergeht zum Frasdorfer Berghaus, also nicht von der Klausenhütte direkt nach Aschau absteigt.

Von der kleinen Kapelle ein Stück auf dem Gipfelgrat, dann linkshalten in eine Geröllrinne und hinunter in eine Scharte. Seit dem Spitzsteinhaus bewegen wir uns auf der Staatsgrenze; auch anschließend auf dem Grat zum *Brandelberg* (1515 m). Nun gilt Wegnummer 9, die rechts von der Tristmahlnalm hochkommt. Hinter dem Brandelberg liegen die weiten Wiesen der *Feichtenalm*. Wir sind auf der Südseite des »Zinnkopfes«, so nennen die Einheimischen den Zinnenberg. Er kann im wahren Sinn des Wortes kinderleicht erstiegen werden. Der schmalere Weg der Höhentour führt jedoch in seinem Südwesthang bergwärts zur verfallenen Blechhütte und liefert uns 10 Minuten später auf einem kleinen Plateau mit der gemütlichen *Klausenhütte* ab. Sie gehört, ebenso wie das Spitzsteinhaus, der Münchner Alpenvereinssektion Spitzstein.

Wie schon erwähnt, kann man von der Klausenhütte auf Weg 10 direkt in Richtung Aschau absteigen. Das würde, über Baumgarten- und Ellandalm, etwa 2 Stunden dauern. Zünftige werden sich aber die Gelegenheit nicht entgehen lassen, auch noch die nördlichen Ausläufer des Spitzsteinkamms zu überschreiten, was runde 1¼ Stunden an zeitlichem Mehraufwand erfordert.

Von der Klausenhütte, vorbei am Grenzstein, in ¼ Stunde auf den *Klausenberg* (1592 m). Schon nach 10 Minuten stehen wir dann auf dem *Predigtstuhl* (1548 m), wenn wir uns unterwegs nicht an den Blaubeeren sattgegessen haben. Danach ist stellenweise Vorsicht geboten, denn der Verbindungsgrat zum *Heuraffelkopf* (1505 m) bricht auf der Südseite steil ab. Eine kleine Einsattelung trennt uns vom *Abereck*. Dort gibt uns die alpine Zone frei. Über einen Rücken hinab zu den *Laubensteinalmen*, anschließend links um den Laubenstein herum in den Wald, durch die kleine Klamm am *Eiskeller* und zum *Frasdorfer Berghaus* beziehungsweise kurz vorher rechts zur *Hofalm*, ein Besitz des Barons von Cramer-Klett aus Aschau, wo im Sommer noch etwa 80 Stück Vieh weiden. Eine letzte Rast, ein kühler Schluck — Bier, Limo oder Milch —, dann tauchen wir in den Waldschatten ein und steigen ab nach *Aschau*.

Touristische Angaben

Tageswanderung, die streckenweise (unter anderem der Spitzstein-Abstieg) Trittsicherheit und Schwindelfreiheit erfordert. Effektive Gehzeit (über Klausenberg und Hofalm): 6½ bis 7 Stunden. Insgesamt zu bewältigende Steigung: etwa 1200 Meter. Beim Abstieg von der Klausenhütte direkt nach Aschau verkürzt sich die Gehzeit um etwa 1¼ Stunden. Günstigste Jahreszeit: Juni bis Ende Oktober.

Der Spitzstein kann auch in seiner Ostseite über die Tristmahlnalm umwandert werden!

Talorte: Sachrang (738 m), Fremdenverkehrsort im hintersten Priental, 2 Kilometer vor der österreichischen Grenze, 10 Kilometer von Aschau (Postbusverbindung). Hotels, Gasthöfe, Pensionen. Sehenswürdigkeit: Pfarrkirche St. Michael.

Aschau (615 m), Fremdenverkehrsort an der Öffnung des Prientals, 4 Kilometer von der Autobahnausfahrt Frasdorf; Bahnverbindung mit Prien, Busse aus allen Richtungen (u. a. auch von Rosenheim). Hotels, Gasthöfe, Pensionen, Zeltplatz. Sehenswürdigkeiten: Pfarrkirche St. Maria mit typisch italienischem Stuck. — Schloß Hohenaschau, um 1100 von einem Tiroler Edlengeschlecht erbaut. Führungen jeweils mittwochs um 9, 10 und 11 Uhr.

Unterkünfte: Spitzsteinhaus (1263 m), Deutscher Alpenverein, in der Südseite des Spitzsteins. Betten und Matratzenlager. Ganzjährig bewirtschaftet. Von Sachrang sind es 2 Stunden.

Klausenhütte (1520 m), Deutscher Alpenverein, südlich des Klausenbergs. Matratzenlager. Bewirtschaftet in den Sommermonaten (Dienstag Ruhetag). Vom Spitzsteinhaus etwa 2 Stunden.

Frasdorfer Berghaus (1100 m), privat, am Aufstieg von Frasdorf zur Hochries. Matratzenlager. Bewirtschaftet in den Sommermonaten. Von der Klausenhütte sind es etwa 1½ Stunden.

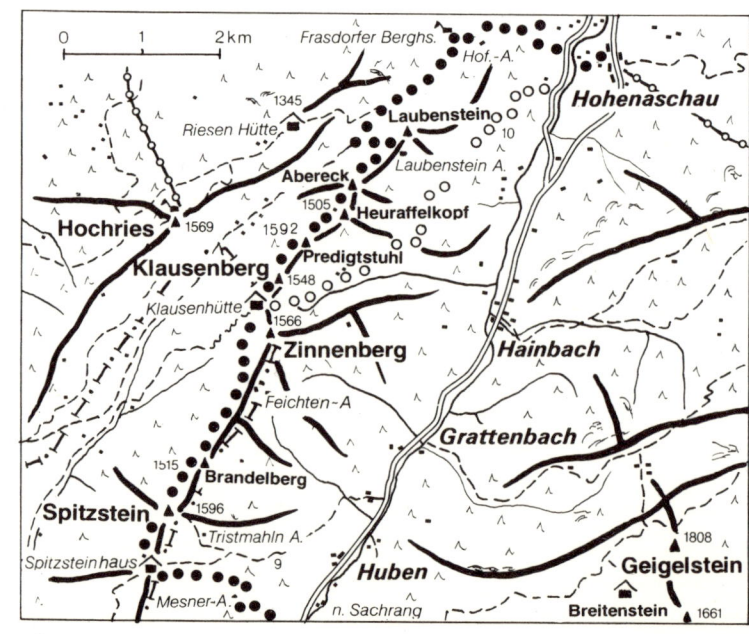

Ausschau vom Gipfelkreuz der Kampenwand auf die Hochplatte (im Mittelgrund), wo der Wanderweg gut auszumachen ist.

Seite 129   Nach dem Verlassen der Kaisersäle steht vor uns plötzlich das Gipfelkreuz auf der Kampenwand, das von der uns abgewandten Seite erreicht wird.

Kampenwand

Zwischen Kampenwand und Hochplatte

Wo die Prien aus den Chiemgauer Alpen austritt, ragen die Felsgipfel der Kampenwand auf, ein hahnenkammartiger, ungefähr einen Kilometer langer Grat, Spitze an Spitze nebeneinandergereiht, mit ost-westlichem Verlauf. Dieser Kamm gliedert sich, von Norden klar zu erkennen, in zwei Teile. Der westliche Teil reicht von der Kampenhöhe, dem Sattel oberhalb der Seilbahnstation, zur Schlechinger Scharte, die westlich des Gipfelkreuzes eingekerbt ist. Östlich dieser Scharte liegt der für Bergsteiger interessantere Teil. Sein Grat besteht wieder aus zwei Kämmen; dazwischen ist eine bis zu 30 Meter tiefe Längsschlucht eingeschnitten, das sogenannte Schneeloch, das sich zu den »Kaisersälen« erweitert. Und dahinter, über dem »Hexentanzplatz«, steht der im Durchblick eindrucksvolle, von Bergsteigern begehrte Ostgipfel (ca. 1660 m). Um einiges schwieriger ist der in der Mitte des Kamms aufragende Hauptgipfel (1668 m) sowie der Westgipfel.

Die Kampenwand grüßt weit ins hügelige Chiemgauer Gebiet hinaus und kann von der Autobahn zwischen Frasdorf und Bernau nicht übersehen werden: grauer Wettersteinkalk über Latschenfeldern, saftige Almböden mit weidendem Vieh und Bergwälder.

Benachbart zur Kampenwand — und durch eine Höhenwanderung mühelos zu erreichen — erhebt sich die bis oben hin bewaldete Hochplatte als ein stilles Tourenrevier ohne Seilbahnrummel. Ihre Gipfelhöhe, 1587 Meter, ist bescheiden, und auch die Formen sind weit weniger ausgeprägt als die der Kampenwand, dafür gehört das Gebiet um die Hochplatte noch ganz dem Genießer ursprünglicher Bergwelt.

Seilbahn oder Fußmarsch? Das ist die Frage, wenn wir auf dem großen Parkplatz bei der Kampenwandbahn unter dem mächtigen Schloß Hohenaschau das Fahrzeug abgestellt haben. Übrigens hängt die frühe wirtschaftliche Entwicklung von Aschau eng mit dem Schloß zusammen: Im 16. Jahrhundert gründete der damalige Schloßherr Pankraz von Freyberg eine Eisengießerei im Tal und ließ auch Bier brauen. Seit 1551 gibt es den berühmten Jahrmarkt in Aschau, der regelmäßig am ersten Septembersonntag abgehalten wird.

Genußvoller gestaltet sich die Höhenwanderung durch die Benützung der Seilbahn. Bei der Bergstation die ersten Ausblicke: Hohe Tauern mit Großglockner und Großvenediger, Wilder Kaiser, Loferer Steinberge, Berchtesgadener Alpen. Über dem Berggasthaus ein Felskegel, der westlichste Eckpfeiler der Kampenwand.

Ein Teerweg als Auftakt einer Bergtour ist zwar ungewöhnlich, muß aber hingenommen werden. Man hat eben an alles gedacht, auch an Leute in Sandalen. Und die sind hier gar nicht selten, zumindest nicht auf dem Weg bis zur Steinlingalm. Dabei handelt es sich um eine herrliche Höhenpromenade.

Nach einem kurzen Anstieg wird der Blick frei zum länglichovalen Simssee. Links des Wegs erhebt sich der Staffelstein, der durch eine gestufte Rinne, die gut einzusehen ist, bestiegen werden kann. Aber nicht im Handumdrehen! Trittsicherheit und Schwindelfreiheit sowie trockener Fels sind selbstverständliche Voraussetzungen für Gipfel dieser Art. Ein Stück rechts der Rinne wölben sich die gelblichen Ostabstürze, in denen schwierige Kletterrouten verlaufen.

Wer so richtig einmal faul sein will, kann in der *Steinlingalm* zum verspäteten Frühstück einkehren, zur kleinen Kapelle spazieren, den Blick auf den Chiemsee genießen und sich irgendwo für den Rest des Tages ins Gras legen. Wer aber wie wir eine Tour vorhat, muß ab der Steinlingalm einen Aufstieg gehen, und zwar in Richtung des weithin sichtbaren Gipfelkreuzes der Kampenwand. Über Grashänge und durch Latschen steigen wir den Hang hoch. Pfadspuren leiten zur Schlechinger Scharte. Die ersten Kletterstellen, gut gestuft, sind für geschickte Wanderer kein Problem. Links öffnet sich das »Schneeloch«, zu beiden Seiten kahle Wände. Dann die »Kaisersäle«, der Durchblick zum Gipfelturm. Weiter geht es zum »Hexentanzplatz« und zum »Scharfen Eck«, das durch Drahtseile entschärft ist, schließlich über den Gipfelgrat, die Gitterbrücke zum Kreuz auf der *Kampenwand*, 1000 Meter über dem Talboden, mit einer unbeschreiblich schönen Rundschau.

Wer sich die Kraxlerei nicht zutraut, hält sich im Hang oberhalb der Steinlingalm schwach links mit den roten Farb-

131

tupfen und umgeht den Stock auf der Ostseite. Minderwertigkeitskomplexe gegenüber den Gipfelstürmern sind unangebracht! Es beginnt der schönste Abschnitt unserer Höhenwanderung. Wir wandern durch Krummholz und Latschen. Im Spätsommer sind die Grashänge von Sonne und Hitze verdorrt.

In der Südseite der Kampenwand muß ein Stück abgestiegen werden, ehe man den grasigen Verbindungskamm zwischen Kampenwand und Hochplatte erreicht. Den Hochalpenkopf umgehen wir in seiner Südflanke. Die Tour entwickelt sich zu einer ausgesprochenen Kammwanderung. Die Ausblicke werden zu vertrauten Bildern. Ein Gruß, eine kurze Rast bei der kleinen *Grassauer Hütte*. Wir gehen gleich weiter und machen erst auf dem Rückweg Brotzeit. Hinter der Piesenhauser Hochalm verflacht der Grat zum Gipfelhang der *Hochplatte* (1587 m). Von der Aussicht behaupten Kenner, es sei der schönste Blick ins Achental. Weit draußen liegt der Chiemsee, im Süden stehen die Kaiserspitzen.

Schon 10 Minuten später sind wir wieder bei der Grassauer Hütte. Die Kampenwand zeigt uns ihre Südwände. Rechts davon erhebt sich der flach gewölbte Sulten. Der Rückweg ist bei dieser Wanderung ausnahmsweise gleichlaufend mit dem Hinweg. Wir erleben vieles wieder; gleiche Bilder, aber immer neue und begeisternde Eindrücke.

Wir können uns Zeit lassen. Bis zur Seilbahn sind es ungefähr zwei Stunden. Die letzte Gondel fährt um 17 Uhr ins Tal.

Touristische Angaben

Unschwierige Tageswanderung. Die Besteigung der Kampenwand erfordert leichte Kletterei. Effektive Gehzeit hin und zurück etwa 4½ Stunden, mit Kampenwand-Ostgipfel etwa 5¼ Stunden. Nach der Kampenwand-Besteigung geht man wieder zurück in die Schlechinger Scharte und quert anschließend in der Nordseite ostwärts zum Weg, der von der Steinlingalm hochkommt. Insgesamt zu bewältigende Steigung (ohne Kampenwand): etwa 700 Meter. Günstigste Jahreszeit: Mitte Mai bis Ende Oktober. Von Aschau Bus-

verbindungen mit der Kampenwandbahn-Talstation. Erste Gondel im Juli und August um 8 Uhr, sonst um 9 Uhr.

Talort: Aschau (615 m), Fremdenverkehrsort an der Öffnung des Prientals, 4 Kilometer von der Autobahn-Anschlußstelle Frasdorf; Bahnverbindung mit Prien, Busse aus allen Richtungen (u. a. auch von Rosenheim). Hotels, Gasthöfe, Pensionen, Zeltplatz. Sehenswürdigkeiten: Pfarrkirche St. Maria (spätgotischer Hallenbau, großartiger Stuck); Schloß Hohenaschau; Führungen mittwochs um 9, 10 und 11 Uhr.

Unterkünfte: Berggasthof Kampenwand (1460 m), privat, wenige Minuten von der Bergstation der Kampenwandbahn. Betten, ganzjährig bewirtschaftet.

Steinlingalm (1550 m), privat, auf der Nordseite der Kampenwand. Betten und Matratzenlager. Ganzjährig bewirtschaftet (Montag Ruhetag). Von der Kampenwandbahn-Bergstation etwa 20 Minuten. Zu Fuß von Aschau (Kampenwandbahn-Talstation) etwa 2½ Stunden.

Grassauer Hütte (1335 m), private Almhütte zwischen Kampenwand und Hochplatte, bewirtschaftet in den Sommermonaten. Matratzenlager. Von der Steinlingalm ca. 1½ Std.

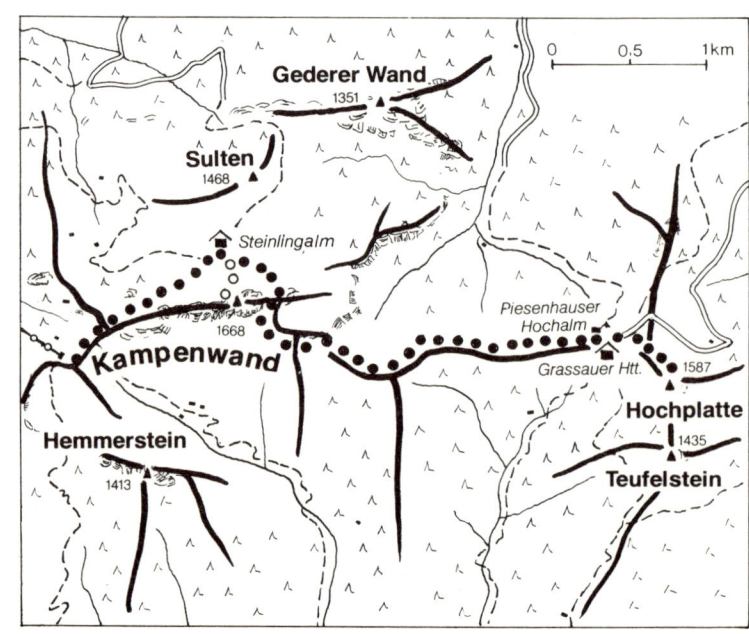

Geigelstein

Höhen zwischen Priental und Tiroler Ache

Ein Besuch im Geigelsteingebiet, das sich zwischen Kampenwand, Priental, Tiroler Ache und der österreichischen Grenze ausbreitet, sollte nicht aufgeschoben werden: Wer nicht bald hinfährt, kann vielleicht erleben, daß er vor lauter Seilbahnmasten und Drahtwerk die Berge nicht mehr sieht! Das ist nur mäßig übertrieben, denn geschäftstüchtige »Alpenerschließer« spielen schon seit etlichen Jahren ernsthaft mit dem Gedanken, das Gebiet um Geigelstein und Breitenstein in eine »Skischaukel«, einen Riesenskizirkus, umzufunktionieren. Geschieht dies, werden in die stillen Wälder Pisten- und Seilbahnschneisen eingerissen, was Planierungen großen Ausmaßes zur Folge hätte. Man munkelt von zweistelligen Millionenbeträgen, die dafür vorgesehen sind. Idyllischen Talschaften steht in diesem Fall die Vermarktung bevor, und der Reiz der Landschaft wird vollkommen verlorengehen.

Dabei erreicht ein Doppelsessellift auf der Ostseite der Region bereits das Geigelsteingebiet. Von der Bergstation ist es nicht mehr allzuweit auf die Gipfel, und während der Skisaison führt noch ein Schlepplift zur Wirtsalm. Das müßte eigentlich genügen! Schon die bereits vorhandene Anlage hat Lücken in den Wald gerissen. Und von Westen führt eine Fahrstraße bis zur Priener Hütte. Wann werden die immer häufigeren Mahnrufe endlich gehört, die einer weiterführenden Erschließung der Bergwelt Einhalt gebieten wollen?

Die Chiemgauer Alpen, zu denen auch der Geigelstein gehört, sind ein Teil der Nördlichen Kalkalpen, und man zählt zu ihnen die Berge zwischen Rosenheim, dem Inntal, Ebbs, Walchsee, Kössen, Erpfendorf, Waidring, Lofer, Bad Reichenhall und Salzburg. Sie gehören also teilweise auch zu österreichischem Staatsgebiet. Der Geigelstein ist der höchste Gipfel der westlichen Chiemgauer Alpen und von jeher ein beliebtes Ziel. Früher wurde er hauptsächlich von der Priener Hütte aus bestiegen. Seit es jedoch auf der Ostseite einen Sessellift gibt, erfolgen von dort die meisten Besteigungen. Dabei konzentriert sich der größte Teil der Leute nur auf den Geigelstein. Die vorgeschlagene Höhenwanderung über den Breitenstein und über den Geigelstein zur Roßalm bietet noch immer stille Plätze, kleine Oasen der Ruhe. Man muß

eben nur, wie überall in Bergbahnbereichen, die »Boulevards« verlassen und nach der Karte seine eigenen Wege aussuchen.

Nehmen wir trotz allem die *Wuhrsteinalm* als Ausgangspunkt. Im Westen ist die Keferlnschneid in den Kamm eingelagert. Rechts davon erhebt sich der Geigelstein, links der Breitenstein, dem zunächst unsere Aufmerksamkeit gilt.

Ein *Naturlehrsteig* bildet den Auftakt. Er führt südöstlich um den Berg herum, anfangs nur mäßig ansteigend, dann, steiler werdend, durch lichten Wald hinauf in den nach Osten geöffneten Kessel mit den verfallenen Hütten der Karlalm und weiter zum Grenzgrat. Auf ihm wendet sich der Steig rechts. Wir bleiben etwas links der Felsabstürze. Schritt für Schritt geht es im ruhigen Rhythmus zur Höhe, etwa ½ Stunde lang, bis wir neben dem Kreuz auf dem *Breitenstein* (1661 m) stehen. Hoch über den Tälern können wir weit in die Runde blicken. Wer den Wilden Kaiser kennt und liebt, kann sich kaum losreißen von der Schau auf seine Kalkstöcke im Süden. Im Norden der Geigelsteingipfel, 147 Meter höher als unser Standort.

Beim Abstieg halten wir uns an den Rücken, der sich vom Gipfel in die *Keferlnschneid* zwischen Geigelstein und Breitenstein senkt; sie ist ein wichtiger Übergang zwischen Wuhrsteinalm und Priener Hütte. Rechts unten liegt in einer Wanne die Wirtsalm.

Unsere Höhentour bleibt auf der Schneide. Gegenanstieg auf einem kleinen Weg in die letzte Scharte vor dem Gipfelaufschwung. Hier begegnen wir den Leuten, die von der Wuhrsteinalm direkt zum Geigelstein aufsteigen. An schönen Tagen sind es viel zu viele!

Die ausgetretene Zickzackspur schlängelt sich durch Latschen empor zum Gipfel des *Geigelsteins* (1808 m). Vor einer guten Stunde waren wir noch drüben auf dem Breitenstein. Wie rasch die Zeit vergangen ist. Der Zackenkamm der Kampenwand ist nähergerückt, rechts davon erhebt sich die Hochplatte — alles alte Bekannte, ebenso wie der Spitzstein im Westen hoch über dem Priental (siehe Höhenwege auf den Seiten 125 und 131).

Der kürzeste Weg ins Tal wäre der über die Wuhrsteinalm. Ihn einzuschlagen hieße jedoch, auf die reizvollen, einsamen Almen und Wälder nördlich des Geigelsteins zu verzichten. Diesen Genuß wollen wir uns auf keinen Fall entgehen lassen!

Der Weg vom Geigelstein führt in nördliche Richtung abwärts, links am Roßalpenkopf vorbei. Er gehört zu den vergessenen Pfaden in diesem Gebiet. Vor den Aschentaler Wänden breiten sich die Wiesen der *Roßalm* (1690 m) aus. Sie ist Deutschlands höchstgelegene Alm. Allein im bayerischen Bergland werden zur Zeit 620 Almen »bestoßen«, das heißt wirtschaftlich geführt. Aber es werden immer weniger. Hauptgründe dafür sind Personalmangel und die technische Erschließung der Berge. Und viele Bauern haben ihr Vieh auch längst verkauft und Stall und Stadel zu Ferienwohnungen ausgebaut.

Ab der Roßalm folgen wir dem Weg noch ein Stück in Richtung Weitlahnerkopf und Dalsenalm. Bei der Gabelung etwa 600 Meter vor dem Weitlahnerkopf entschließen wir uns für den unteren Weg, der an den *Alpbach* heranführt. Die Hütten der *Haidenholzalm* stehen am Weg. Ein Brunnentrog spendet an heißen Tagen erfrischend kühles Wasser. Auf der anderen Bachseite wandern wir weiter talwärts, kehrenreich durch den Wald zu einer Forststraße. Auf ihr bleiben wir so lange, bis eine Tafel rechts den Waldweg nach *Ettenhausen* anzeigt, wo wir ½ Stunde später nach gemütlicher Wanderung eintreffen.

Touristische Angaben

Tageswanderung, die stellenweise Trittsicherheit voraussetzt. Effektive Gehzeit ab Wuhrsteinalm: etwa 5½ Stunden. Insgesamt zu bewältigende Steigung: etwa 900 Meter. Günstigste Jahreszeit: Ende Mai bis Ende Oktober.

In Ettenhausen zeigen Schilder (»Geigelsteinbahn«) zur Talstation des Sessellifts mit Parkplätzen. Bei etwas Glück lassen sich auf dem Naturlehrsteig Murmeltiere beobachten (und auch fotografieren).

Die Wanderung kann auch von Sachrang über die Priener

Hütte gemacht werden, verlängert sich dann aber um rund 3 Stunden. In diesem Fall Abstieg nach der Roßalm links (westwärts) nach Grattenbach.

Nach der Roßalm ist eine Fortsetzung der Wanderung möglich über Weitlahnerkopf und Dalsenalm zur Kampenwand beziehungsweise von der Dalsenalm westlich durch den Klausgraben nach Hainbach im Priental.

Talort: *Ettenhausen* (568 m), Fremdenverkehrsort an der Bundesstraße 307 im Tal der Tiroler Ache, 22,5 Kilometer von der Autobahn-Anschlußstelle Bernau, 9 Kilometer von Marquartstein (nächster Bahnhof, Busverbindungen). Hotels, Gasthöfe, Pensionen.

Unterkünfte: *Wuhrsteinalm* (1103 m), privates Berggasthaus, bei der Bergstation des Sessellifts von Ettenhausen. Betten und Lager. Ganzjährig bewirtschaftet. Von Ettenhausen 1½ Stunden.

Priener Hütte (1356 m), Deutscher Alpenverein, auf einer Terrasse im Südwesthang des Geigelsteins. Betten und Lager. Ganzjährig bewirtschaftet. Von Sachrang 2¾ Stunden. Von der Wuhrsteinalm (über Keferlnschneid) 2 Stunden.

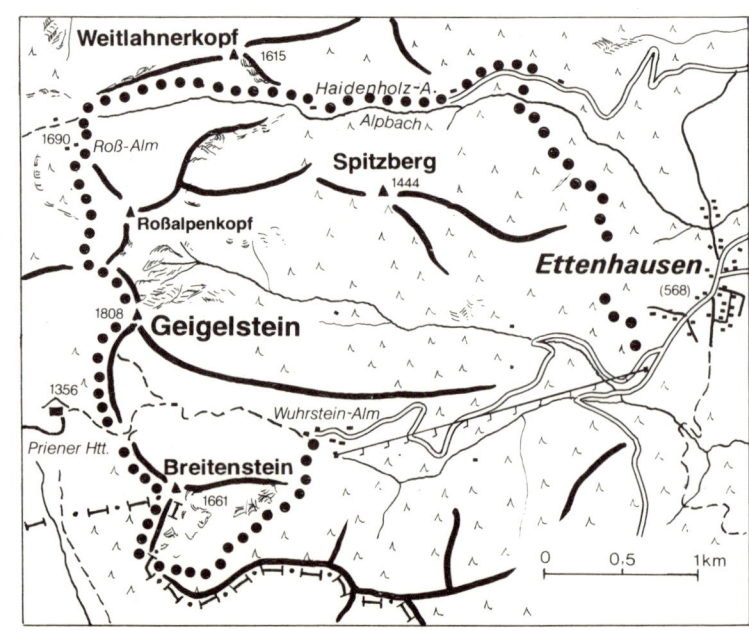

*Bergstation Hahnenkamm mit Kitzbüheler Horn und
Loferer Steinbergen.*

*Seite 139   Almmatte mit Berglandhaus am Panoramaweg.
Im Hintergrund Wilder Kaiser.*

Kitzbüheler Alpen

Höhenweg vom Hahnenkamm

Kitzbühel und seine Berge sind überall auf der Welt durch den Wintersport bekannt geworden. Die Voraussetzungen hat die Natur geliefert mit einem unüberschaubaren Areal sanftgewölbter Berge, denen herausragende Gestalten weitgehend fehlen. Diese strukturellen Gegebenheiten haben den Grundstein gelegt für eines der schönsten und gefahrlosesten Skigebiete der Ostalpen mit über 200 Abfahrten. Berühmt-berüchtigt ist die »Streif« am Hahnenkamm, alljährlich Austragungsort des Hahnenkamm-Abfahrtsrennens. Die damit verbundenen Fernsehübertragungen tragen das Ihrige dazu bei, den guten Ruf Kitzbühels als Wintersportort aufrechtzuhalten. Während der Saison sind über 160 Skilehrer — die »Roten Teufel von Kitz« — beschäftigt.

Kitzbühel, das erst 1816 von Salzburg an Tirol kam, besaß schon immer eine übergeordnete Bedeutung. Das beweisen die Stadtrechte aus dem Jahr 1271 durch Herzog Ludwig II. von Bayern. Blütezeiten brachten einst das 16. und 17. Jahrhundert mit dem Kupfer- und Silberbergbau an den nahegelegenen Bergen, auch am Hahnenkamm. Einzelne Schächte wurden bis zu 150 Meter unter den Meeresspiegel vorangetrieben. Zeugnisse aus dieser Epoche bewahrt das Kitzbüheler Heimatmuseum. Damals entstanden auch die stattlichen Häuser mit ihren vorspringenden Giebeldächern, die heute noch das Bild der Altstadt bestimmen.

Wenn der Name Kitzbühel fällt, wird allzuleicht übersehen, daß die umstehenden Berge gerade auch in der schneefreien Zeit dem gemütlichen Wanderer viel zu bieten haben. Zuviel darf man allerdings nicht erwarten, denn es fehlt den ausgesprochen lieblichen Bergen des Gebiets jede Spur von Strenge; sie besitzen keine aufregenden Felsszenerien oder tief beeindruckende, gewaltige Landschaftsbilder, wie sie beispielsweise der benachbarte Wilde Kaiser vermittelt.

Kaum haben die Kuppen der Kitzbüheler Berge ihr weißes Kleid abgelegt und sich mit einem grünen Mantel geschmückt, ist die Zeit für Wanderungen auf dem Hahnenkamm und den umliegenden Höhen angebrochen. Hier wird die Rostblättrige Alpenrose (Rhododendron ferrugineum) auf weiten Blütenfeldern fast einen Meter hoch. Breite Wege verbinden Hütten und Gipfel. Nirgendwo gibt es Steilab-

stürze, Schluchten oder schroffe Spitzen. Die Wegwahl ist keine Problem, und es genügt, wenn man zu Beginn der Tour die Karte einmal gründlich studiert. In diesen Bergen können Sie sich unbesorgt vom »Gängelband« der Führerbeschreibungen lösen und buchstäblich einmal mit den Händen in den Hosentaschen über aussichtsreiche Höhen promenieren.

Von *Kitzbühel* schwebt eine Großkabinenbahn über den Wald des Schattbergs hinauf zum *Hahnenkamm* in 1658 Meter. Wie er, haben auch die anderen Gipfel unserer Tour bescheidene Höhen. Die Zweitausendmetergrenze wird nicht überschritten. Direkt neben der Bergstation befindet sich der Start für die »Streif« — die Rennabfahrt mit einem Höhenunterschied von 872 Meter, für Weltklasseläufer eine Angelegenheit von 2 Minuten.

Uns drängt es an diesem Tag nicht zur Eile. Es geht zunächst nur unmerklich aufwärts. Rechts eine meteorologische Station und ein Stück weiter unten die Obere Streifalm. Im Norden sehen wir den hellen Kalkkamm des Wilden Kaisers, und im Nordosten, auf der anderen Seite von Kitzbühel, erhebt sich das Kitzbüheler Horn, überzogen mit einem Netz von Seilbahnen und Liften. In den Tälern liegen freundliche Siedlungen, behäbig die Bauernhäuser, auf dem First die Glocke, die früher das Gesinde wie in vielen ländlichen Gegenden an den Tisch rief.

Nach dem Berghotel Tirol steht rechts am Weg eine Kapelle für den hl. Bernhard, den Schutzpatron der Bergsteiger. Und schon ½ Stunde nach der Seilbahn-Bergstation sind wir beim großen Kreuz auf der *Ehrenbachhöhe* (1802 m), dem höchsten Punkt des Hahnenkamms. Von hier kann in der Nordwest- und Nordseite des Hahnenkamms mit den Wegen 6 und 12 über die Fleckalmen, die Niedere Streifalm und die Seidlalm in etwa 2½ Stunden zum Berggasthof Einsiedelei abgestiegen werden, den auch wir später besuchen.

Wir bleiben aber vorerst noch auf der Höhe, das heißt, wir folgen dem breiten Weg in der Ostseite des nach Süden ziehenden Kamms in einer weiteren Viertelstunde zur *Streiteckalm* (1721 m) beim Hotel Hochbrunn.

Die Rostblättrige Alpenrose (Rhododendron ferrugineum)
wird im Kitzbüheler Berggebiet bis zu einen Meter hoch
und zieht jährlich zur Blüte die Besucher dorthin.

Westwärts zu unseren Füßen liegt das Spertental in die Kitzbüheler Alpen eingelagert. Im Talhintergrund zeigt sich der ansehnliche Große Rettenstein. Direkt uns gegenüber schwingt sich der Jufenkamm auf. Er ist unser nächstes Ziel, genauer: die *Jufenalm* (1872 m), an einem kleinen See gelegen. Von dort nicht auf dem Kamm rechts weiter, sondern links mit einem Weglein über die freie Höhe in 20 Minuten zum *Steinbergkogel* (1971 m). Das ist der höchste »Gipfel« unserer Tour. Und auch hier erwartet uns ein Berggasthof. Einkehrmöglichkeiten liegen also genügend zur Auswahl auf dem Weg.

Der Übergang zur *Gigglinghöhe* (1930 m) ist so problemlos wie alle anderen Wege dieser Höhenwanderung. Der Blick geht nach Osten zum Wildseeloder. Das Tal zu unserer Linken wird vom Ehrenbach durchflossen.

Wir bleiben unbesorgt auf der Kammhöhe. Es sind zwar nur Pfadspuren vorhanden, der Wegverlauf ist aber durch den Kamm so gut wie vorgezeichnet. Ab der *Oberen Blaufeldalm* haben wir dann wieder eine Bezeichnung, die Nummer 40. Sie leitet uns über den Rücken abwärts zur *Birchneralm* und weiter in den Wald und in Kehren zum Ehrenbachgraben. Bewundernd bleiben wir vor den Wassern des *Ehrenbach-Wasserfalls* stehen. Ein letzter Aufstieg (Wegweiser) und mit Weg 41 zum *Gasthaus Einsiedelei* am Ausgang des Ehrenbachgrabens.

Nach Kitzbühel ist es nur noch ½ Stunde. Wer besonders gut speisen will: in den Gewölben des Gärkellers sitzt man urgemütlich. Aber auch die »Postkutsche«, »Alt-Kitzbühel« oder das »Tiefenbrunner« sind Lokale im gehobenen Stil, um nur einige zu nennen.

Touristische Angaben

Unschwierige Wanderung. Effektive Gehzeit: etwa 5 Stunden. Insgesamt zu bewältigende Steigung: etwa 500 Meter. Günstigste Jahreszeit: Anfang Juni bis Ende Oktober. Talort: *Kitzbühel* (762 m), internationales Touristenzentrum, Hauptort der Kitzbüheler Alpen an der Straße St. Johann—Paß Thurn, 72 Kilometer von Rosenheim. Bahnstrecke Inns-

bruck—Salzburg; gute Busverbindungen. Hotels, Pensionen, Gasthöfe, Zeltplatz. Talstation der Hahnenkammbahn (Parkplätze, Eisenbahn-Haltestelle). Sehenswürdigkeiten: Pfarrkirche St. Andreas (gotischer Bau, im Inneren teilweise barockisiert, prächtiger Hochaltar des einheimischen Künstlers Simon Benedikt Faistenberger [1750], von dem auch das Deckengemälde in der angebauten Rosakapelle stammt); doppelgeschossige(!) gotische Liebfrauenkirche (1373—1490), Deckengemälde der oberen Kirche ebenfalls von Faistenberger.

Unterkünfte: Berggasthäuser und Hotels auf dem Hahnenkamm und auf den umliegenden Höhen.

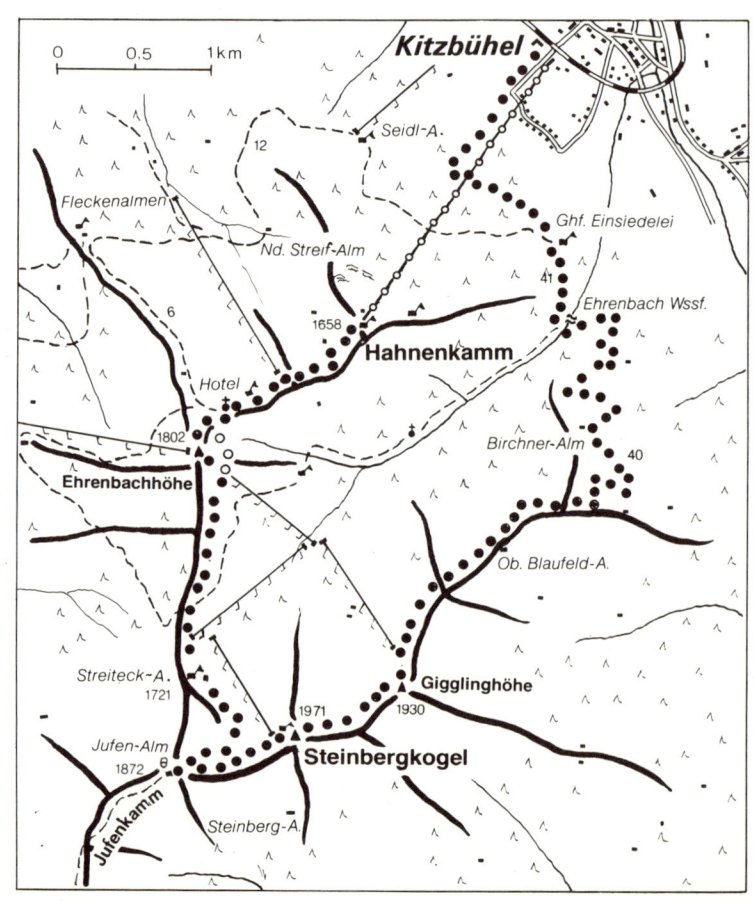

Berchtesgadener Alpen
Die höchsten Watzmanngipfel

Was der Montblanc für Chamonix, der Großglockner für Heiligenblut, das ist der Watzmann für Berchtesgaden — Wahrzeichen, Gipfelpunkt einer ganzen Landschaft, die Täler himmelhoch überragend. Dieser dreigipfelige Bergriese ist Teil des reich gegliederten Watzmannstocks zwischen Wimbachtal, Königssee, Berchtesgaden und Steinernem Meer.

Unter Watzmann versteht man im landläufigen Sinn die drei höchsten Erhebungen — Hocheck, Mittelspitze, Südspitze — des von Norden nach Süden ziehenden Hauptkamms, bekannt unter dem Sammelbegriff Großer Watzmann. Zum Watzmann gehören aber auch noch die sogenannten »Watzmannkinder«, fünf an der Zahl, und die »Watzmannfrau«, das »Weibl«. Damit ist die »Familie« vollständig, die Familie des grausamen und gewalttätigen Königs Waze, der einst über das Berchtesgadener Land herrschte und in seiner ungezügelten Wut einen Hirten mit Frau und Kindern erschlagen ließ. Nach dieser Untat erstarrte die königliche Familie zu Stein. So weiß es die Watzmannsage zu berichten. »Watzmannkinder« und »Watzmannfrau« sind touristisch weniger interessant. Sie erheben sich in dem Felsgrat, der sich von der Mittelspitze ostwärts löst und südlich des Watzmanngletschers einen Halbkreis beschreibt.

Der gewaltigste Anblick des Watzmann bietet sich vom Königssee aus, vom malerischen St. Bartholomä. Darüber steilt sich die berühmte — und berüchtigte — Ostwand des Bergs auf, 1800 bis 1900 Meter hoch, von zahllosen Querbändern durchzogen. Sie ist eine der höchsten Felswände der Alpen, Jahr für Jahr Schauplatz tragischer Bergunfälle. Und dort, wo die Riesenwand an den Himmel zu stoßen scheint, über dem obersten Grat, verläuft die anschließend beschriebene Tour in schwindelnder Höhe. Sie ist auf keinen Fall zu unterschätzen! Auch nicht bei schönen Wetter und idealen Verhältnissen, ganz zu schweigen bei Gewitter, Nebel, Regen, Temperaturstürzen und Schnee, wenn der Fels überraschend schnell von einer glasigen Eisschicht überzogen ist, der Sturm um den Grat heult und der Abstieg ins Wimbachgries zum Glücksspiel wird.

Zeitlich gesehen ist die Watzmann-Überschreitung von München aus gut übers Wochenende zu machen, das heißt, man muß dafür 1½ Tage einplanen. Eine Tour nur für gereifte Alpinisten!

Von der *Wimbachbrücke* (an der Straße Berchtesgaden—Ramsau) nicht geradeaus in Richtung Wimbachklamm, sondern bei der Wegtafel leicht linkshaltend auf einem breiten Ziehweg ansteigen in den Wald, ein Gittertor passieren und danach in langgezogenen Kehren die Wälder des Kreidebergs zur *Stubenalm*. Etwas später kommen wir an einer Forst-Diensthütte vorbei und betreten das von der Schapbachalm hochführende Fahrsträßchen zur Materialseilbahn des Watzmannhauses. In der *Mitterkaseralm* kann man zur Not im Heu übernachten. Anschließend auf einem strauchbewachsenen, nur schwach ausgeprägten Kammrücken hoch über dem Schapbachboden im Zickzack empor zur *Falzalm*, bei der wir etwa 1¼ Stunden nach der Stubenalm eintreffen. Jetzt trennen uns noch 45 Aufstiegsminuten vom *Watzmannhaus*, einer stattlichen Hütte mit rund 200 Schlafplätzen. Bewirtschaftet wird sie von dem einheimischen Himalaya-Bergsteiger Albert Bitterling und seiner Frau. Er ist Bergführer nebenbei und gibt auch gern Ratschläge: Am besten läßt man sich von ihm Auskunft über die Verhältnisse auf den Gipfeln geben und ob im Schönfeldgries noch Schnee liegt.

Aufstieg in aller Frühe! Zum Hocheck sind es 2 Stunden; von dort zum Mittelgipfel 35 Minuten und von dort zum Südgipfel knappe 2 Stunden. Für den Abstieg ins Wimbachgries muß man mit weiteren 3 Stunden rechnen. Das restliche Wegstück hinaus zur Wimbachbrücke nimmt etwa 2 Stunden in Anspruch. Vor uns liegen also runde 10 Stunden.

Etwa 1 Stunde oberhalb des Watzmannhauses geht es drahtseilgesichert über die »Schulter« und im Anschluß rechts des Nordgrats zur kleinen Unterstandshütte auf dem *Watzmann-Hocheck* (2653 m), früher einmal, zu Anfang des 19. Jahrhunderts, ein vielbesuchter Wallfahrtsort. Heute scheint es, als würden viele Bergsteiger den Gipfel als Schuttabladeplatz betrachten!

Nun wird es ernst! Abstieg zur schmalsten, aber gut gesicherten Gratstrecke. Wo es geht, bleibt man auf dem Grat, ansonsten rechts in seiner Westseite. Schließlich helfen künstliche Stufen über ein Plattenband zum *Mittelgipfel* (2713 m), nach der Zugspitze der zweithöchste Hauptgipfel Deutschlands. Hier soll, einer Sage nach, Noahs Arche gelandet sein . . .

Vom Mittelgipfel ist eine Umkehr noch unproblematisch. Überlegen Sie es sich gut! Der Weiterweg ist mit roten Farbtupfen markiert und an den ausgesetzten Stellen mit Drahtseilen versehen. Überwältigend sind die Tiefblicke zum Königssee, der gleich einem nordischen Fjord in die Berge eingeschnitten ist. Auf der anderen Seeseite die Gotzenalm (siehe Trenker/Dumler, Die schönsten Höhenwege der Ostalpen) und darüber die kahlen Gipfel des Hagengebirges. Im Westen, jenseits des Wimbachtals, dominiert der Hochkalter, im Süden erstreckt sich das Steinerne Meer.

Für den Abstieg vom *Südgipfel* (2712 m) nehmen wir am besten den Alpenvereinsführer zur Hand. Die Beschreibung ist zwar kurzgefaßt, stimmt aber. Sie leitet uns sicher zur *Wimbachgrieshütte* der Münchner Naturfreunde auf einem reizvollen Wiesenfleck vor einem herrlichen Felspanorama.

Auf dem Weg durchs Wimbachtal können wir nun in aller Ruhe die Umgebung genießen. Im Rücken den Felszirkus der Palfelhörner, wildgezackte Gipfel. Zwischen den Felsblöcken blühen Alpenrosen, am Wegrand stehen Latschen. Noch eine kurze Rast im *Wimbachschloß*. Ein kühler Schluck, bevor wir in die *Wimbachklamm* hinuntersteigen. Hunderttausende von Jahren haben hier ihre Spuren hinterlassen. Feuchtes Halbdunkel umgibt uns. In den stäubenden Schleierwasserfällen wird zauberhaft das in die Schlucht einfallende Licht reflektiert. Aber schon nach guten 5 Minuten verlassen wir die Klamm wieder. Der Weg führt hinaus zur *Wimbachbrücke*.

Touristische Angaben

Anspruchsvolle Bergtour für Schwindelfreie und Trittsichere, bei der stellenweise die Hände zu Hilfe genommen werden müssen. Nur bei sicherem Wetter und guten Verhältnissen zu unternehmen! Im Zweifelsfall an der Mittelspitze umkeh-

ren. Effektive Gehzeit Watzmannhaus—Wimbachbrücke: 10 Stunden. Insgesamt zu bewältigende Höhenunterschiede: etwa 2200 Meter. Günstigste Jahreszeit: Ende Juni bis Ende September.

Talort: *Berchtesgaden* (573 m), Luftkur- und Wintersportort im Berchtesgadener Land am Treffpunkt verschiedener Bundesstraßen, 150 Kilometer von München. Hotels, Gasthöfe, Pensionen, Jugendherberge, Zeltplatz; Schwimmbad. Krankenhaus. Bahnhof, gute Busverbindungen in alle Richtungen. Sehenswürdigkeiten: Salzbergwerk, Kristallglasschleiferei, Stiftskirche, Schloßmuseum.

Unterkünfte: *Watzmannhaus* (1928 m), Deutscher Alpenverein, auf dem Falzköpfl nördlich des Hochecks. Betten und Matratzenlager. Bewirtschaftet von Anfang Juni bis Ende September. Von der Wimbachbrücke (7 km von Berchtesgaden, Postbusverbindung, Parkplätze) 3¾ Stunden.

Wimbachgrieshütte (1327 m), Naturfreunde, im hinteren Wimbachtal. Betten und Matratzenlager. Bewirtschaftet von Januar bis Ende Oktober. Von der Watzmann-Südspitze etwa 3 Stunden, von der Wimbachbrücke 2¾ Stunden.

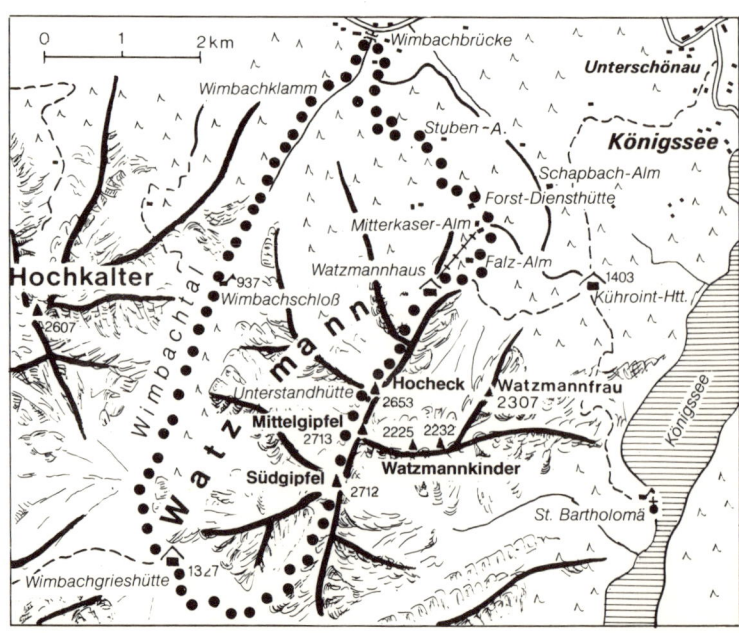

146

Ausblick vom Hohen Göll auf den Untersberg.

*Seite 149   Hoher Göll von Norden. Unten der Eckersattel,
von dem sich der Weg hinaufwindet zum Purtschellerhaus;
darüber der Gratverlauf zum Göllmassiv.*

Berchtesgadener Alpen

Überschreitung des Hohen Göll

Der Talkessel von Berchtesgaden wird im Südosten vom grauen Riesenleib des Hohen Göll abgeschirmt, einer scheinbar uneinnehmbaren Festung. Nahezu 2000 Meter über dem Tal erhebt sich sein Gipfelfirst. Der massige Hohe Göll wetteifert sozusagen mit dem kühn geformten Watzmann um die Gunst der Bergsteiger. Das beste ist, man besteigt jeden der beiden Gipfel einmal, denn so verschieden sie sind, so beeindruckend sind auch beide! Von der Schwierigkeit her sind sie sich auf den üblichen Anstiegen ebenbürtig, nur ist die Watzmann-Überschreitung länger.

Ein Berg wie der Hohe Göll, gepanzert mit Felswänden, dazwischen aufgesprengte Schluchten und wilde Hochkare, kann einfach nicht übersehen werden und hat deshalb schon sehr früh die Gedanken der Menschen in den Tälern auf sich gelenkt. Vermutlich waren es einheimische Jäger, die als erste zum Gipfel vordrangen. Verbürgt ist seine Besteigung allerdings erst 1801 durch den 27jährigen Geistlichen Valentin Stanig. Man nimmt an, daß er sich an den heute meist eingeschlagenen Normalweg vom Eckerfirst zur Gölleiten gehalten hat. Stanig war von Salzburg zu Fuß anmarschiert. Und er konnte noch keine Eisenstifte und Drahtseile zu Hilfe nehmen! Darauf soll einmal wieder hingewiesen werden, um die Taten der alpinen Pioniere würdigen zu können. In unserer Zeit führen Straßen fast bis an die Basis des Hohen Göll heran, hauptsächlich auf seiner Berchtesgaden zugewandten Westseite. Unzählige neugierige Touristen besuchen alljährlich den Obersalzberg: 1936 hatte der damalige Reichsleiter Bormann die Bevölkerung dort vertreiben lassen, sich das Gebiet (10 Quadratkilometer) angeeignet und es mit einem 34 Kilometer langen, 2 Meter hohen Drahtzaun umgeben und bewachen lassen. Ein ausgedehntes Bunkersystem ermöglichte unterirdische Zugänge zu allen Gebäuden. Nachdem die »Führer«-Anlage 1945 in Schutt und Asche fiel, wurden 1950 mit wenigen Ausnahmen alle noch erhaltenen Gebäude abgetragen.

Für die Göll-Überschreitung empfiehlt es sich, den Wagen in *Berchtesgaden* zu lassen und mit dem Bus auf der Roßfeldstraße hinauf bis oberhalb dem Eckersattel zu fahren, von

dem es nur noch wenige Minuten hinunter in den *Eckersattel* sind. Im Vorblick lagert breit der Aufbau des Hohen Göll. Man kann von hier den Wegverlauf einsehen. Zunächst gilt es aber, das Purtschellerhaus zu erreichen. Serpentinen führen zur Höhe. Wir bewegen uns im unmittelbaren Bereich der deutsch-österreichischen Grenze, an die sich unsere Tour auch in der Folge hält.

Das *Purtschellerhaus*, in balkonartiger Lage auf dem Eckerfirst, ist schon allein den Aufstieg wert. Als Belohnung erwarten uns prächtige Tiefblicke ins Salzachtal und weit hinaus ins Voralpenland.

Der Eckerfirst, ein grasbewachsener Rücken, setzt sich hinter der Hütte fort zum Beginn des Göll-Nordostgrats. Ab dort wird es schwieriger! Der *»Salzburger Steig«*, der übliche Weg zum Hohen Göll, wird mit dem Grad I bewertet, ist also schon keine Wanderung mehr.

Mit den roten Farbzeichen im Fels empor zu einem Kreuz auf einem Gratabsatz. Links ein kurzer Abstieg, worauf sich die Routen am steilen Grataufschwung teilen. Erfahrene Felsleute turnen buchstäblich auf dem »Schusterweg«, einem gesicherten Klettersteig, nahe der Gratkante zur Höhe. Der überwiegende Teil der Bergwanderer bleibt jedoch auf der bequemeren Normalführe. Aber auch dieser Weg ist keinesfalls harmlos: steilbankige Felspassagen, an manchen Stellen ausgesetzt, überraschende Blicke hinunter in den Wilden Freithof; vor allem aber der »Kamin«, wo man auf Drahtseile, Eisenstifte und im Ausstieg auf leiterartige Sprossen angewiesen ist, um auf den Grat zu gelangen. Dort, knapp 2 Stunden über dem Purtschellerhaus, sind die Hauptschwierigkeiten geschafft. Hier treffen sich Normalführe und »Schusterweg«. Gemeinsam geht es über den flachen, geröllbedeckten Rücken der Gölleiten mühsam in ½ Stunde zum Kreuz auf dem Gipfel des *Hohen Göll* (2522 m).

Wenn bis jetzt alles so gelaufen ist, wie wir es uns vorgestellt haben und auch das Wetter mitmacht, können wir die Höhentour unbekümmert fortsetzen. Zur *Göllscharte*, auch »Heitere Lueg« genannt, muß etwa 10 Minuten abgestiegen werden. Von dort traversiert man am besten die Westflanke des Kleinen Archenkopfes — seine Überschreitung bringt nicht viel — zu einem kleinen Firnfeld, von dem eine steile Rinne wieder hinaufleitet zum Grat (»Brettkamm«), der vom plattigen Großen Archenkopf westwärts verläuft. Der kaum herausragende Gipfel des *Brettriedels* (2344 m) wird überschritten.

Unterwegs erleben wir eine ausgesetzte, aber nicht schwierige Gratstelle. Links unten sehen wir die Hütten im oberen Bluntautal, das bei Golling ins Salzachtal mündet. Rechter Hand geht der Blick über den Berchtesgadener Talkessel hinweg hinüber zum Untersberg, links davon liegt das Lattengebirge.

Das *Hohe Brett* (2338 m) ist der letzte Gipfelpunkt auf unserem langen Weg. Über steile, grasdurchsetzte Hänge geht es hinunter zum *Jägerkreuz*. Wegspuren verlaufen durch den südseitigen Hang zwischen Latschen durch in Richtung Torrener Joch und zum *Stahlhaus*. Die vielen Leute sind etwas ungewohnt nach den einsamen Stunden. Wir sind hier im Einzugsbereich der Jennerbahn. Bis zur Bergstation ist es nur ½ Stunde. Man kann sich also getrost eine kühle »Halbe« schmecken lassen!

Touristische Angaben

Anspruchsvolle Bergfahrt für Schwindelfreie und Trittsichere; stellenweise I. Nur bei sicherem Wetter und guten Verhältnissen (im Purtschellerhaus erkundigen!). Notabstieg möglich von unterhalb der Göllscharte durch das Alpeltal nach Vorderbrand. Effektive Gehzeit Purtschellerhaus—Jennerbahn: 6½ bis 7 Stunden. Insgesamt zu bewältigende Höhenunterschiede (ab Purtschellerhaus): etwa 1000 Meter. Günstigste Jahreszeit: Ende Juni bis Ende September.

Talort: Berchtesgaden (573 m), Luftkur- und Wintersportort im Berchtesgadener Land am Treffpunkt verschiedener Bundesstraßen, 150 Kilometer von München. Hotels, Gasthöfe, Pensionen, Jugendherberge, Zeltplatz. Bahnhof, gute Busverbindungen in alle Richtungen. Sehenswürdigkeiten: Salzbergwerk (Führungen), Kristallglasschleiferei, Stiftskirche, Schloßmuseum.

Unterkünfte: Purtschellerhaus (1692 m), Deutscher Alpen-

verein, am Eckerfirst. Betten und Matratzenlager. Bewirtschaftet von Anfang Mai bis Ende Oktober. Vom Eckersattel 1 Stunde.

Stahlhaus (1731 m), Österreichischer Alpenverein, auf dem Torrener Joch zwischen Schneibstein und Hohem Brett. Betten und Matratzenlager. Ganzjährig bewirtschaftet. Von der Bergstation der Jenner-Seilbahn etwa ¾ Stunden. Vom Purtschellerhaus etwa 6 Stunden.

Schneibsteinhaus (1670 m), Naturfreunde, auf deutschem Boden unterhalb des Torrener Jochs bzw. des Stahlhauses. Betten und Matratzenlager. Bewirtschaftet von Weihnachten bis Mitte Oktober.

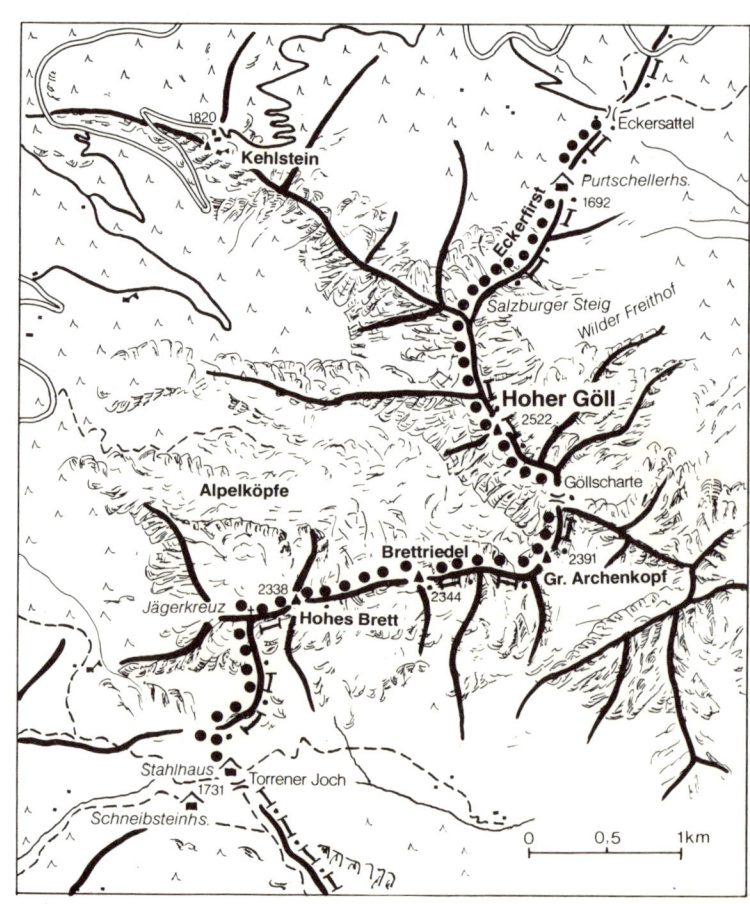

Das Zeppezauerhaus unterhalb des Geierecks am Beginn der Höhentour über den Untersberg.

Der sagenumwobene Untersberg, der nördliche Eckpfeiler der Berchtesgadener Alpen, wird von zahlreichen Höhlensystemen durchzogen: Es sind über hundert bereits erforschte Höhlen bekannt, als populärste die für die Allgemeinheit zugängliche Schellenberger Eishöhle unterhalb der Mittagsscharte.

Der mächtige, freistehende Bergstock des Untersbergs ist zum Wahrzeichen von Salzburg geworden; seine nördlichsten Ausläufer reichen fast bis an das Weichbild der Mozartstadt heran. Er bildet ein Tafelgebirge, dessen zerklüftete Hochflächen aus Gräben, Erosionstrichtern, Kuppen, Kämmen und Mulden besteht. Dichter Krummholzbestand — Latschenfelder — durchsetzen die Hochfläche mit ihren nachweisbar rund 200 verschiedenen Pflanzengattungen.

Die höchsten und für den Bergsteiger bedeutungsvollsten Erhebungen sind der Salzburger Hochthron und der Berchtesgadener Hochthron. Sie ragen, getrennt durch die tiefe Einsenkung der Mittagsscharte, am Südostrand des Massivs auf und brechen mit breitgelagerten, steilen Wandbildungen nach Süden und Südosten ab. In der Mauer verlaufen zum Teil extreme Kletterrouten. Für uns ist das Geiereck im Norden noch von Bedeutung, denn an seinem Gipfel beginnt unsere Hochflächen-Überschreitung.

Am Anfang der Wanderung stehen uns drei Möglichkeiten zur Wahl: Vom *Gasthaus Rositten* auf dem sogenannten *Reitsteig* zum Zeppezauerhaus; das ist der kürzeste und bequemste Zugang. Abwechslungsreicher — etwa 40 Minuten länger — verläuft der Weg über die Rosittenalmen und den 1876 zum Gedenken an einen Salzburger Alpinisten eröffneten *Dopplersteig* mit seinen 450 in den Fels gehauenen Stufen und Drahtseilsicherungen. An dieser Route locken einige Höhlen: kurz vor dem Dopplersteig links die »Gamslöcher« und der »Bärenhorst«, in dem Knochen eines Höhlenbären gefunden wurden; der Zugang ist jedoch mit Kletterei verbunden. Verläßt man den Weg rechts, erreicht man in knapp 10 Minuten die Kolowratshöhle, die größte Höhle am Untersberg. Aber Vorsicht! Ein Besuch der 110 Meter langen, 35 Meter breiten und 36 Meter hohen

Halle sollte nur von Höhlenerfahrenen unternommen werden. Am schnellsten erreicht man das *Geiereck* (1805 m) von St. Leonhard mit der Untersberg-Seilbahn. Von ihrer Bergstation sind es dann nur noch 5 Minuten zum 11 Meter hohen Gipfelkreuz. Vom Zeppezauerhaus bis zum Gipfel ist dagegen mit 20 Minuten zu rechnen. Wunderschön die Aussicht über Salzburg auf das liebliche Salzkammergut, verbunden mit dem einzigen Nachteil des Geierecks: Scharen von Menschen, Papierreste, Glasscherben.

Der rot markierte Pfad führt uns weiter in schwach südwestlicher Richtung durch eine kleine Senke, das »Jungfrauenbrünnl«, dem tiefsten Punkt vor dem *Salzburger Hochthron*, und von dort auf seinen 1852 Meter hohen Gipfel. Auf der Ostseite fallen furchterregende Steilwände ab; zu ihren Füßen steht die Toni-Lenz-Hütte des Schellenberger Vereins für Höhlenkunde.

Wir bleiben rechts der Kammhöhe. Es folgt ein unerheblicher Aufstieg zum *Großen Heubergkopf* (1836 m), worauf es steil abwärts geht in die 150 Meter tiefer eingekerbte *Mittagsscharte*. Sollte sich an dieser Stelle ein Wetterumschlag ankündigen oder Nebel einfallen, so steigen Sie am besten auf dem Alpenvereinssteig in Richtung Toni-Lenz-Hütte (Eishöhlenhütte) ab durch die Ostabstürze des Untersbergmassivs, ein kurzes Stück durch einen Stollen und zur Hütte, wobei ohne weiteres ein Besuch der Schellenberger Eishöhle mit eingeschoben werden kann.

Wer sich die gesamte Überschreitung zutraut, muß von der Mittagsscharte einen Gegenanstieg bewältigen. Rechts erstreckt sich der Ochsenkamm mit den Ochsenköpfen; dahinter breitet sich der österreichische Teil der Untersberg-Hochfläche aus, die in Privatbesitz ist.

Rauheck (1891 m) und *Gamsalmkopf* (1895 m), nicht sonderlich ausgeprägt, aber auf der Ostseite zum Tal der Berchtesgadener Ache hin mit steilen Wänden bewehrt, sind die nächsten Erhebungen am Weg. Hier kann einem manchmal eine Seilschaft begegnen, am *Berchtesgadener Hochthron* (1972 m) keine Seltenheit, denn seine Süd- und Ostwände bergen rassige Kletterfahrten. Vom Gipfel reicht der Blick ungehindert zu den Hohen Tauern und zum Dachstein. Und wenn wir zurückschauen, ist das Kreuz auf dem Geiereck noch sichtbar. Dazwischen liegen 3½ Kilometer.

Zum *Stöhrhaus* sind es nur noch knappe 10 Minuten. Anschließend von der Hütte absteigen durch Latschenfelder in das »*Gatterl*«, einen Sattel, wo die Untersberg-Hochfläche links verlassen wird. Es folgen Serpentinen. Die Linksabzweigung zum Scheibenkaser bleibt unbeachtet. Wir traversieren etwas später zu Füßen der Almbachwand auf dem aussichtsreichen *Stöhrweg* in südlicher Richtung, bis links der Weg nach Maria Gern abzweigt. Danach am *Kalten Brunnen* (Quelle) vorbei und im Wald steil bergab zu den obersten Häusern von Maria Gern. Abschließend auf der Straße zur Bushaltestelle bei der Gaststätte Bachgütl (Verbindung mit Berchtesgaden). Vom Stöhrhaus etwa 2¼ Stunden.

Touristische Angaben

Technisch unschwierige Wanderung. Bei Nebel Orientierungsschwierigkeiten. Effektive Gehzeit Geiereck—Maria Gern: 6 bis 7 Stunden. Bei Benützung der Seilbahn zum Geiereck keine nennenswerten Höhenunterschiede. Günstigste Jahreszeit: Anfang Juni bis Ende September.

Talorte: *Salzburg:* (425 m), Hauptstadt des gleichnamigen österreichischen Bundeslands, 139 Kilometer von München (Autobahn). Hotels, Gasthöfe, Pensionen, Jugendherberge, Zeltplatz. Bahnhof, gute Busverbindungen in alle Richtungen. Sehenswürdigkeiten: Feste Hohensalzburg, Dom im italienischen Frühbarock, Benediktinerabtei St. Peter, Kollegienkirche.

Berchtesgaden (573 m), Luftkur- und Wintersportort im Berchtesgadener Land am Treffpunkt verschiedener Bundesstraßen, 150 Kilometer von München. Hotels, Gasthöfe, Pensionen, Jugendherberge, Zeltplatz. Bahnhof, gute Busverbindungen in alle Richtungen. Sehenswürdigkeiten: Salzbergwerk, Stiftskirche, Schloßmuseum, Kristallglasschleiferei.

Maria Gern (730 m), Gemeinde im Süden des Untersbergs, 4 Kilometer von Berchtesgaden. Gasthöfe, Pensionen. Regelmäßige Postbus-Verbindungen mit Berchtesgaden. Sehenswürdigkeit: Wallfahrtskirche (1709 erbaut) in Vordergern,

eines der schönsten Gotteshäuser im Berchtesgadener Land. Unterkünfte: *Zeppezauerhaus* (1668 m), Österreichischer Alpenverein, auf dem Nordhang des Geierecks. Betten und Matratzenlager. Bewirtschaftet in den Sommermonaten. Etwa ¼ Stunde unterhalb der Seilbahn-Bergstation (Talstation in St. Leonhard unweit der Autobahn-Anschlußstelle Salzburg Süd). Zu Fuß vom Wirtshaus Rositten (6½ km südlich von Salzburg) 2¾ Stunden.

Stöhrhaus (1894 m), Deutscher Alpenverein, westlich des Berchtesgadener Hochthrons. Betten und Matratzenlager. Bewirtschaftet von Mitte Mai bis Mitte Oktober. Vom Zeppezauerhaus etwa 4 Stunden.

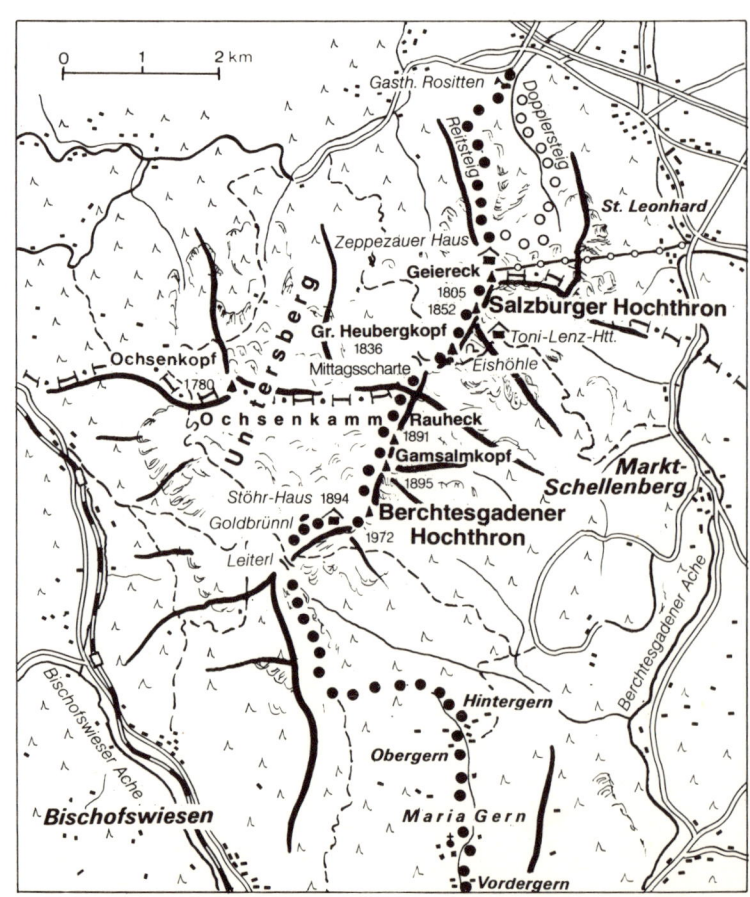

Schrifttum
zu den Höhenwegen

Ammergauer Alpen
Tegelberg—Hochplatte—Kenzenhütte
Karte: 1:50 000, Füssen und Umgebung. Herausgegeben vom Bayerischen Landesvermessungsamt, München.
Führer: Schuster/Bubenzer, Kleiner Führer Ammergauer Alpen. Bergverlag Rudolf Rother, München.

Ammergauer Alpen
Zwischen Oberammergau und Schloß Linderhof
Karte: 1:50 000, Oberammergau und Umgebung. Herausgegeben vom Bayerischen Landesvermessungsamt, München.
Führer: Schuster/Bubenzer, Kleiner Führer Ammergauer Alpen. Bergverlag Rudolf Rother, München.

Mieminger
Um die Coburger Hütte
Karte: 1:25 000, Alpenvereinskarte Wetterstein- und Mieminger Gebirge, Mittleres Blatt (Zugspitze).
Führer: Helmut Pfanzelt, Alpenvereinsführer Wetterstein und Mieminger Kette. Bergverlag Rudolf Rother, München.
Literatur: Die Miemingerkette. Zeitschrift des Deutschen und Österreichischen Alpen-Vereines 1902 und 1903.

Estergebirge
Gipfel über dem Loisachtal
Karte: 1:50 000, Werdenfelser Land. Herausgegeben vom Bayerischen Landesvermessungsamt, München.
Führer: Helmut Dumler, Rundwanderungen Werdenfelser Land. Fink-Kümmerly + Frey GmbH, Stuttgart.

Wettersteingebirge
Vom Kreuzeck über den Schützensteig ins Reintal
Karte: 1:50 000, Werdenfelser Land. Herausgegeben vom Bayerischen Landesvermessungsamt, München.
Führer: Alpenvereinsführer Wettersteingebirge und Mieminger Kette. Bergverlag Rudolf Rother, München.

Walchenseeberge
Gratwanderung vom Herzogstand zum Heimgarten
Karte: 1:50 000, Blatt Murnau. Herausgegeben vom Bayerischen Landesvermessungsamt, München.
Führer: Zimmermann, Alpenvereinsführer Benediktenwand-Gruppe, Estergebirge und Walchenseeberge. Bergverlag Rudolf Rother, München.

Karwendel
Mittenwalder Höhenweg
Karte: 1:50 000, Blatt Garmisch-Partenkirchen L 8532. Herausgegeben vom Bayerischen Landesvermessungsamt, München.
Führer: Klier/März, Alpenvereinsführer Karwendel. Bergverlag Rudolf Rother, München. Helmut Dumler, Rundwanderungen Isartal, Bad Tölz, Mittenwald. Fink-Kümmerly + Frey GmbH, Stuttgart.

Karwendel
Unter Riesenwänden und auf Ahornböden
Karten: Österreichische Karte (Bundesamt für Eich- und Vermessungswesen, Wien) 1:50 000, Blatt 118. Freytag-Berndt-Touristen-Wanderkarte 1:100 000, Blatt 32.
Führer: Klier/März, Alpenvereinsführer Karwendel. Bergverlag Rudolf Rother, München.
Literatur: Hannes Gasser, Erlebnis Karwendel. Leopold Stocker Verlag, Graz.

Karwendel
Innsbrucker Höhenweg
Karte: 1:50 000, Innsbruck, Blatt 118. Herausgegeben vom Bundesamt für Eich- und Vermessungswesen, Wien.
Führer: Klier/März, Alpenvereinsführer Karwendel. Bergverlag Rudolf Rother, München.
Literatur: Hannes Gasser, Erlebnis Karwendel. Leopold Stocker Verlag, Graz.

Tuxer Voralpen
Zirbenweg
Karte: 1:50 000, Brenner, Blatt 148. Herausgegeben vom Bundesamt für Eich- und Vermessungswesen, Wien.
Führer: Walter Klier, Kleiner Führer durch die Tuxer Voralpen. Bergverlag Rudolf Rother, München.

Kalkkögel
In den Nordtiroler Dolomiten
Karte: 1:25 000, Umgebungskarte von Innsbruck.
Führer: Heinrich Klier, Alpenvereinsführer Stubaier Alpen. Bergverlag Rudolf Rother, München.
Literatur: Karl Berger, Aus den Kalkkögeln bei Innsbruck. Zeitschrift des Deutschen und Österreichischen Alpen-Vereines 1903, Seiten 271—297.

Stubaier Alpen
Höhenweg vor Gletscherfeldern
Karten: 1:25 000, Alpenvereinskarte, Blatt Hochstubai, Nr. 31/1. Freytag-Berndt-Touristen-Wanderkarte 1:100 000, Blatt 24.
Führer: Heinrich Klier, Alpenvereinsführer Stubaier Alpen. Bergverlag Rudolf Rother, München.
Literatur: Hannes Gasser, Erlebnis Stubaital. Leopold Stocker Verlag, Graz.

Brauneck—Benediktenwand
Münchner Hausberge
Karte: 1:50 000, Bad Tölz, Lenggries und Umgebung. Herausgegeben vom Bayerischen Landesvermessungsamt, München.
Führer: W. und G. Zimmermann, Alpenvereinsführer Benediktenwand, Estergebirge und Walchenseeberge. Bergverlag Rudolf Rother, München.

Tegernsee
Neureuth—Gindelalmschneid
Karte: 1:50 000, Mangfallgebirge. Herausgegeben vom Bayerischen Landesvermessungsamt, München.
Führer: Helmut Dumler, Rundwanderungen Tegernsee, Schliersee und Chiemgau. Fink-Kümmerly + Frey GmbH, Stuttgart. — W. und G. Zimmermann, Alpenvereinsführer Tegernseer und Schlierseer Berge. Bergverlag Rudolf Rother, München.

Tegernseer Berge
Wallberg und Risserkogel
Karte: 1:50 000, Mangfallgebirge. Herausgegeben vom Bayerischen Landesvermessungsamt, München.
Führer: Helmut Dumler, Rundwanderungen Tegernsee, Schliersee und Chiemgau. Fink-Kümmerly + Frey GmbH, Stuttgart.

Spitzingsee
Vom Taubenstein zur Rotwand
Karte: 1:50 000, Mangfallgebirge. Herausgegeben vom Bayerischen Landesvermessungsamt, München.
Führer: W. und G. Zimmermann, Alpenvereinsführer Tegernseer und Schlierseer Berge. Bergverlag Rudolf Rother, München.

Mangfallgebirge
Über den Blaubergkamm
Karte: 1:50 000, Mangfallgebirge. Herausgegeben vom Bayerischen Landesvermessungsamt, München.
Führer: W. und G. Zimmermann, Alpenvereinsführer Tegernseer und Schlierseer Berge. Bergverlag Rudolf Rother, München.

Rofan
Zwischen Achensee und Inntal

Karten: 1:50 000, Blätter Schwaz (119) und Wörgl (120). Herausgegeben vom Bundesamt für Eich- und Vermessungswesen, Wien.
Führer: Röder/Schmid, Alpenvereinsführer Rofangebirge. Bergverlag Rudolf Rother, München.

Alpbachtal
Ein Tiroler Kleinod

Karten: Kompaß-Wanderkarte 1:50 000, Blatt 27. Freytag-Berndt-Touristen-Wanderkarte 1:100 000, Blatt 15.
Führer: Lienbacher/Dumler, Alpbachtal. Bergverlag Ruolf Rother, München.

Pendlingkamm
Höhenweg über dem Inntal

Karten: 1:50 000, Blätter Angath (89), Wörgl (120), Kufstein (90). Herausgegeben vom Bundesamt für Eich- und Vermessungswesen, Wien.
Führer: Alois Haydn, Höhenwege durch die Nördlichen Kalkalpen. Bergverlag Rudolf Rother, München.

Wilder Kaiser
Höhenweg auf der Südseite

Karte: 1:50 000, Blatt Kufstein (90). Herausgegeben vom Bundesamt für Eich- und Vermessungswesen, Wien.
Führer: Leuchs/Nieberl, Alpenvereinsführer Kaisergebirge. Bergverlag Rudolf Rother, München.
Literatur: Fritz Schmitt, Das Buch vom Wilden Kaiser. Richard Pflaum Verlag, München.

Wilder Kaiser
Kammwanderung über dem Kaiserbachtal

Karten: 1:50 000, Blätter St. Johann i. T. (91), Kufstein (90). Herausgegeben vom Bundesamt für Eich- und Vermessungswesen, Wien.
Führer: Leuchs/Nieberl, Alpenvereinsführer Kaisergebirge. Bergverlag Rudolf Rother, München.
Literatur: Fritz Schmitt, Das Buch vom Wilden Kaiser. Richard Pflaum Verlag, München.

Zahmer Kaiser
Logenplätze vor dem Wilden Kaiser

Karte: 1:50 000, Blatt Kufstein (90). Herausgegeben vom Bundesamt für Eich- und Vermessungswesen, Wien.
Führer: Leuchs/Nieberl, Alpenvereinsführer Kaisergebirge. Bergverlag Rudolf Rother, München.

Literatur: Fritz Schmitt, Das Buch vom Wilden Kaiser. Richard Pflaum Verlag, München.

Priental
Vom Spitzstein nach Aschau

Karte: 1:50 000, Chiemsee und Umgebung. Herausgegeben vom Bayerischen Landesvermessungsamt, München.
Führer: Peter Keill, Wege und Gipfel zwischen Wendelstein und Kampenwand. Pannonia-Verlag, Freilassing. — Helmut Dumler, Rundwanderungen Tegernsee, Schliersee und Chiemgau. Fink-Kümmerly + Frey GmbH, Stuttgart.

Kampenwand
Zwischen Kampenwand und Hochplatte

Karte: 1:50 000, Chiemsee und Umgebung. Herausgegeben vom Bayerischen Landesvermessungsamt, München.
Führer: Peter Keill, Wege und Gipfel zwischen Wendelstein und Kampenwand. Pannonia-Verlag, Freilassing. — Helmut Dumler, Rundwanderungen Tegernsee, Schliersee und Chiemgau. Fink-Kümmerly + Frey GmbH, Stuttgart.

Geigelstein
Höhen zwischen Priental und Tiroler Ache

Karte: 1:50 000, Chiemsee und Umgebung. Herausgegeben vom Bayerischen Landesvermessungsamt, München.
Führer: Peter Keill, Wege und Gipfel zwischen Wendelstein und Kampenwand. Pannonia-Verlag, Freilassing. — Helmut Dumler, Rundwanderungen Tegernsee, Schliersee und Chiemgau. Fink-Kümmerly + Frey GmbH, Stuttgart.

Kitzbüheler Alpen
Höhenweg vom Hahnenkamm

Karte: 1:15 000, Kompaß-Umgebungskarte Kitzbühel.
Führer: Höfler/Kettner, Alpenvereinsführer Kitzbüheler Alpen. Bergverlag Rudolf Rother, München.

Berchtesgadener Alpen
Die höchsten Watzmanngipfel

Karte: 1:50 000, Blatt Berchtesgadener Alpen. Herausgegeben vom Bayerischen Landesvermessungsamt, München.
Führer: Zeller/Schöner, Alpenvereinsführer Berchtesgadener Alpen (mit brauchbarer Wanderkarte). Bergverlag Rudolf Rother, München. — Helmut Dumler, Rundwanderungen Berchtesgadener Land. Fink-Kümmerly + Frey GmbH, Stuttgart.
Literatur: Hellmut Schöner, Rund um den Watzmann. Berchtesgaden.

Berchtesgadener Alpen
Überschreitung des Hohen Göll

Karte: 1:50 000, Blatt Berchtesgadener Alpen. Herausgegeben vom Bayerischen Landesvermessungsamt, München.
Führer: Zeller/Schöner, Alpenvereinsführer Berchtesgadener Alpen (mit brauchbarer Wanderkarte). Bergverlag Rudolf Rother, München. — Helmut Dumler, Rundwanderungen Berchtesgadener Land. Fink-Kümmerly + Frey GmbH, Stuttgart.
Literatur: Hellmut Schöner, Rund um den Watzmann. Berchtesgaden.

Berchtesgadener Alpen
Über den Untersberg

Karte: 1:50 000, Blatt Berchtesgadener Alpen. Herausgegeben vom Bayerischen Landesvermessungsamt, München.
Führer: Zeller/Schöner, Alpenvereinsführer Berchtesgadener Alpen (mit brauchbarer Wanderkarte). Bergverlag Rudolf Rother, München. — Helmut Dumler, Rundwanderungen Berchtesgadener Land. Fink-Kümmerly + Frey GmbH, Stuttgart.

BILDNACHWEIS

Foto-Ammon, Schönau/Berchtesgaden 149, 157, 158; Wilfried Bahnmüller, Gelting 64, 67, 69, 89, 94, 97, 98, 99, 100, 104, 133, 138; Kunstverlag Bayernland, Hans Geissler, Rottach-Egern 74, 77; Olaf Beer, Farchant 27, 28, 29, 30; BERGSTEIGER-Bildarchiv, F. Bruckmann KG, München 48 (Reitner), 78 (Bavaria Gauting/Wasow), 148 (Wunderle); Helmut Dumler, Augsburg 9, 13, 24, 103, 129, 130; Wenzel Fischer, Garmisch-Partenkirchen 43; Max Heldwein, München 54, 58, 124, 128; Fritz Hiller, Bad Tölz 38; Horst Höfler, München 80, 119, 154; Fremdenverkehrsverband Kitzbühel 139 (Foto Korn), 140 (Foto Korn); Foto Löbl-Schreyer, Bad Tölz 19, 23 (SU-Vorderseite), 33, 34, 47, 49, 53, 57, 63, 68, 70, 73, 79, 90, 107, 110, 117, 147 (SU-Rückseite); Agenturbüro Miesbach 83, 84, 87, 88; Klaus Puntschuh, Garmisch-Partenkirchen 37, 50; roebild, Kurt Röhrig, Frankfurt/Main 44; Hans Steinbichler, Hittenkirchen-Kothöd/Prien a. Ch. 134, 137; Friedrich Stettmayer, Augsburg 10, 113; Karl Thein, München 14, 108, 127; Paul Werner, München 17, 40, 144, 153; Hans Wunderle, München 20, 118, 123, 150; Fritz Ziegast, München 39, 109; Georg Zwerger, München 18, 59, 60, 93, 114, 120, 143.

Die Kartenskizzen auf dem Vorsatz und zu den einzelnen Höhenwegen stammen von Evelyn und Wolfgang Bayer, Großinzemoos.

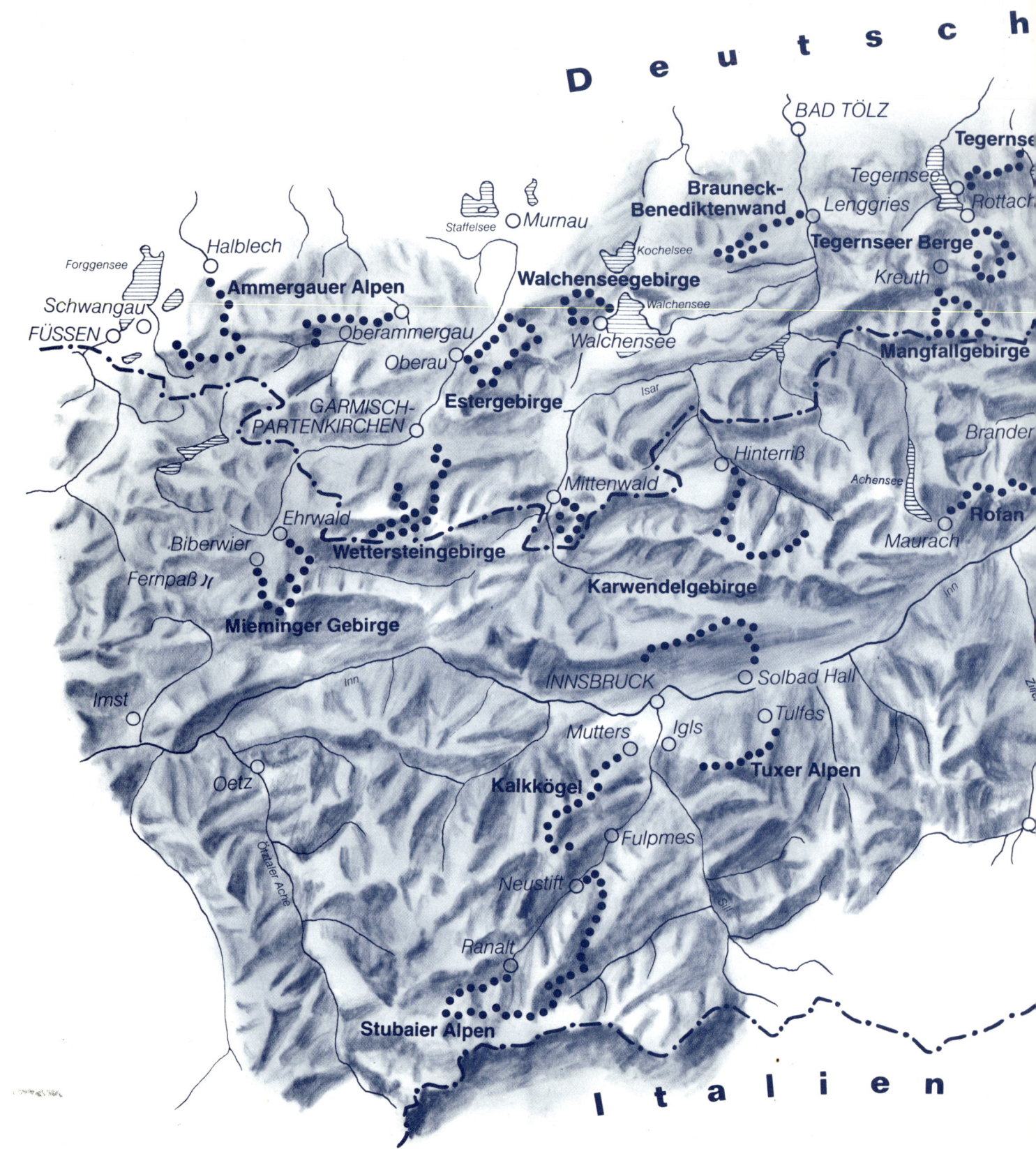

D e u t s c h

BAD TÖLZ

Tegernse

Tegernsee

Brauneck-
Benediktenwand

Lenggries

Rottach

Halblech

Staffelsee

Murnau

Tegernseer Berge

Forggensee

Ammergauer Alpen

Kochelsee

Kreuth

Schwangau

Walchenseegebirge

Walchensee

FÜSSEN

Oberammergau

Mangfallgebirge

Oberau

Estergebirge

Walchensee

Isar

Brander

GARMISCH-
PARTENKIRCHEN

Hinterriß

Achensee

Ehrwald

Mittenwald

Rofan

Biberwier

Wettersteingebirge

Maurach

Fernpaß

Karwendelgebirge

Inn

Mieminger Gebirge

INNSBRUCK

Solbad Hall

Zill

Imst

Inn

Tulfes

Mutters

Igls

Oetz

Tuxer Alpen

Kalkkögel

Fulpmes

Ötztaler Ache

Neustift

Sill

Ranalt

Stubaier Alpen

I t a l i e n